Learning English
Grundgrammatik
Ausgabe für Bayern

von
Friedrich Ungerer, Peter Pasch,
Peter Lampater und
Rosemary Hellyer-Jones

Ernst Klett Schulbuchverlag
Stuttgart Düsseldorf Berlin Leipzig

Learning English

Grundgrammatik
Ausgabe für Bayern

von
Dr. Friedrich Ungerer, München; Dr. Peter Pasch, Tübingen;
Peter Lampater und Rosemary Hellyer-Jones M. A., Ehingen (Donau)

Gedruckt auf Papier aus
chlorfrei gebleichtem Zellstoff,
säurefrei.

1. Auflage 1 10 9 8 | 1999 98

Alle Drucke dieser Auflage können im Unterricht nebeneinander benutzt werden, sie sind untereinander unverändert.
Die letzte Zahl bezeichnet das Jahr dieses Druckes.

Redaktion: Inge Schäfer, Verlagsredakteurin.
Übernahme der von den Autoren elektronisch erfaßten Daten und Lichtsatz aus der Concorde
von Fa. Treiber & Co. KG, München.
Zeichnungen: Andreas Florian, Schwäbisch Gmünd.
Umschlaggestaltung: Hans Lämmle, Stuttgart.
Druck: KLETT DRUCK H. S. GmbH, Korb. Printed in Germany.

ISBN 3-12-511520-5

Inhalt

Seite

Kapitel 11: Das Verb und seine Ergänzungen

Kapitel 12: Der Infinitiv

Kapitel 13: Das *gerund*

Kapitel 14: Das Partizip

Kapitel 15: Nebensätze

Kapitel 16: Fragesätze, Verneinung, Kurzsätze

Kapitel 17: Von Satz zum Text (Verknüpfung und Hervorhebung)

Kapitel 18: Die indirekte Rede

Anhang

Abkürzungen:

A Anmerkung
AE Amerikanisches Englisch
BE Britisches Englisch
dt. deutsch
⚠ Hinweis auf häufige Fehlerquelle

Kapitel 1: Nomen
Nouns

§ 1 Nomen als Personen- und Sachbezeichnungen
Nouns referring to persons and nouns referring to things

1. Personenbezeichnungen

Männliche Person – weibliche Person	
My **grandfather** collects all kinds of newspaper cuttings, but my **grandmother** throws most of them away. Mike used to work as a **waiter.** Now he's got his own fast food restaurant. I once had a job as a **waitress,** too, but not for long. I kept forgetting what people had ordered.	Es gibt Nomen, die sich nur auf männliche und solche, die sich nur auf weibliche Personen beziehen. In einigen Fällen haben Bezeichnungen für weibliche Personen eine besondere Nachsilbe (meist *-ess*). Dies ist jedoch viel seltener als im Deutschen die Nachsilbe *-in.*
Männliche oder weibliche Person	
Is your **friend** staying with you over the weekend? – No, I'm afraid **she** has to go back this evening. Our **neighbour** is taking us to the station in **his** car. Have you met my **cousin Rebecca**? Has the **doctor** come yet? – Yes, **she**'s just arrived.	Die meisten Personenbezeichnungen können sich aber auf beide Geschlechter beziehen. Zu ihnen gehören z. B. *friend, neighbour, child, cousin, student* usw. und außerdem die meisten Berufsbezeichnungen (z. B. *doctor, teacher* usw.). Ob es sich um eine männliche oder weibliche Person handelt, wird oft erst durch ein Personalpronomen *(he/she)*, einen Possessivbegleiter *(his/her)* oder einen Eigennamen deutlich. (Vgl. § 16.2)
Personengruppe	
Are you going on holiday with your **family** this year? – No, **they**'re going in July, and I'm not free till August.	Zu den Personenbezeichnungen gehören auch Wörter wie *family, team* usw., die sich auf eine Gruppe beziehen (vgl. § 6).

A 1 a **woman** doctor – a **male** nurse – a **male/female** student

Ob sich ein Nomen auf eine männliche oder weibliche Person bezieht, kann auch durch Zusätze wie *man/woman, male/female* ausgedrückt werden.

A 2 **Sammy** isn't a very good **watchdog. He** doesn't even bark at the postman.

Bezeichnungen für Tiere, vor allem Haustiere, werden z. T. wie Personenbezeichnungen behandelt (vgl. § 16.2).

2. Sachbezeichnungen

Singular und Plural	
Where's the bread **knife? –** Here **it** is. There are no more **forks** left. **They** must be all in the dishwasher.	Zu den Sachbezeichnungen gehören Nomen wie *knife, fork* usw., die sich auf Gegenstände beziehen. Sie können im Singular und Plural gebraucht werden (‚zählbare Nomen').
Nur Singular	
I only like **milk** to drink when **it**'s really cold. That **music** sounds lovely. Who is **it** by?	Außerdem gehören dazu Stoffbezeichnungen wie *milk* und abstrakte Begriffe wie *music*, die nur im Singular gebraucht werden können (‚nicht-zählbare Nomen').
Nur Plural	
These **stairs** are rather dangerous, aren't **they?** Please put your **clothes** away in the cupboard. Don't leave **them** all on that chair.	Eine weitere Klasse von Sachbezeichnungen sind Sammelbegriffe wie *stairs* und *clothes*, die nur mit Plural-*s* gebraucht werden.

A Peter Miller – the Thames – the Alps – England – London – Oxford Street – Buckingham Palace

Auch Eigennamen können Personen oder Sachen (z. B. Flüsse, Gebirge, Länder usw.) bezeichnen.

§ 2 Singular- und Pluralformen des Nomens
The singular and plural forms of nouns

1. Plural auf *-s*

Singular	Plural auf *-s*	
one shop	two shops	[-s]
one park	two parks	
one tree	five trees	[-z]
one garden	two gardens	
one church	four churches	[-ɪz]
one bridge	three bridges	
one potato	lots of potatoes	
one tomato	some tomatoes	
Aber:		
one photo	several photos	

Die Pluralform wird im Englischen bei den meisten Nomen auf *-s* gebildet.
Aussprache:
- [-s] nach stimmlosem Laut: [p,t,k usw.]
- [-z] nach stimmhaftem Laut: Vokale und [b,d,g,m,n usw.]
- [ɪz] nach Zischlaut: [s,z,tʃ,dʒ,ʒ] (Schreibung: *-es*).

Beachte die Aussprache von *house* [haʊs], *-houses* ['haʊzɪz].

Besonderheiten:
Bei einigen Nomen auf *-o* wird ebenfalls *-es* angehängt.

Aber: Bei *photo, radio, piano, disco, video* wird nur *-s* angehängt.

Singular		Plural auf *-s*	
one leaf my life	[-f]	two leaves our lives	[-vz]
Aber:			
one roof	[-f]	all the roofs	[-fs]
one baby one boy		two babies three boys	

Bei Nomen, die auf *-f* oder *-fe* enden, wird der Plural meist auf *-ves* gebildet.
Aber: Bei *roofs, proofs, chiefs, handkerchiefs* wird lediglich ein *-s* angehängt.

Nach Konsonant wird *-y* zu *-ies*.
Nach Vokal bleibt das *-y* jedoch erhalten.

A lorry drivers, school teachers, grown-ups, drive-ins, five-year-olds, stopovers

Bei zusammengesetzten Nomen wird das Plural-*s* normalerweise an das letzte Wort angefügt.
Ausnahmen: *sons-in-law, sisters-in-law* (Schwiegersöhne, Schwägerinnen), *passers-by* (Passanten).

2. Andere Pluralformen

Singular		Umlaut-Plural	
one man	[mæn]	two men	[men]
one woman	['wʊmən]	two women	['wɪmɪn]
one foot	[fʊt]	two feet	[fi:t]
one tooth	[tu:θ]	32 teeth	[ti:θ]
one goose	[gu:s]	several geese	[gi:s]
one mouse	[maʊs]	a lot of mice	[maɪs]

Singular	Plural auf -(r)en
one child [tʃaɪld]	two children ['tʃɪldrən]
one ox [ɒks]	two oxen ['ɒksən]

Singular	endungsloser Plural
one sheep	fifty sheep
one fish	hundreds of fish
one deer *(Reh/Hirsch)*	some deer *(Rotwild)*

A bacillus [bə'sɪləs] – bacilli [bə'sɪlaɪ]
crisis ['kraɪsɪs] – crises ['kraɪsi:z]
phenomenon [fə'nɒmɪnən] – phenomena [fə'nɒmɪnə]

Einige Wörter aus dem Lateinischen und Griechischen haben im Englischen ihre ursprüngliche Pluralform behalten.

§ 3 Nomen, die nur im Singular gebraucht werden (‚nicht-zählbare Nomen‘)
Nouns used only in the singular ('uncountable nouns')

Stoffbezeichnungen wie *milk* und *coal*

We've got some **milk**, and some **bread** and **cheese** for supper.
Where did you put the **fruit** we got at the market? – Here ***it is.***
I really must wash my **hair.** ***It looks*** terrible.
Gas ***is*** used for heating and cooking in a lot of British homes.
Years ago, when rooms were heated by open fires, a lot more **coal** ***was*** used.

Die englischen Stoffbezeichnungen werden meist ebenso verwendet wie ihre deutschen Entsprechungen. Manchmal ist jedoch im Deutschen eine Pluralform möglich, im Englischen nicht.
Vgl.: *fruit* – Obst, Früchte, *hair* – Haar, Haare, *coal* – Kohle, Kohlen.

A These sweets taste of different **fruits.** – Diese Bonbons schmecken nach verschiedenen Obstsorten.
Waiter: 'Two **coffees.** Anything else, please?' – ‚Zwei Kaffees ...‘

Zu manchen Stoffbezeichnungen gibt es Pluralformen, die jedoch eine andere Bedeutung haben:
fruits – Obstsorten, *breads* – Brotsorten, *cheeses* – Käsesorten
two coffees, two teas – zwei Tassen Kaffee/Tee, *two lemonades* – zwei Gläser Limonade

Sammelbegriffe wie *luggage* und *furniture*

Let me carry the **luggage.** ***It's*** so heavy. — ... **das Gepäck** ... ***Es ist*** ...
The **furniture** in this window ***is*** nice. — **Die Möbel** ... ***sind*** ...
But look how expensive ***it is.*** — ... wie teuer ***sie sind.***

Luggage (AE *baggage*) wird wie das deutsche *Gepäck* im Singular gebraucht.
Für *furniture* wird im Deutschen jedoch die Pluralform *die Möbel* verwendet, ebenso für *machinery* die Pluralform *die Maschinen.*

Abstrakte Nomen wie *information* und *advice*

The **information** in this leaflet ***isn't*** very interesting. — Die **Informationen** ... ***sind*** nicht ...
But the **advice** we got at the travel agent's ***was*** quite helpful. — Aber die **Ratschläge** ... ***waren*** ...

Information und *advice* werden – im Gegensatz zu den entsprechenden deutschen Wörtern – immer im Singular gebraucht.
Ebenso: *homework* – Hausaufgabe(n), *knowledge* – Wissen, Kenntnis(se), *progress* – Fortschritt(e), *evidence* – Beweis(e).
Bei vielen Nomen besteht aber kein Unterschied zwischen dem Englischen und dem Deutschen:
Vgl. *courage* – Mut, *music* – Musik, *geography* – Geographie.

Nomen auf *-s* wie *news, mathematics, darts, the United States*

Let's switch TV on. The **news** ***is*** coming on now.
Die **Nachrichten** ***kommen.***
Maths (Mathematics) ***is*** my favourite subject. I really enjoy ***it.***
Darts ***is*** a very popular game in Britain.
The United States (The USA) ***has*** a large Spanish-speaking population.
Die USA ***haben*** ...

Obwohl diese Nomen eine Pluralendung auf *-s* haben, bezeichnen sie eine Einheit und werden deshalb wie eine Singularform verwendet.

'Have you got all your luggage?'

4 Nomen, die nur im Plural gebraucht werden
Nouns used only in the plural

'Ladies' clothes are on the first floor, madam.'

Sammelbegriffe wie *clothes* und *stairs*

Ladies' **clothes** ***are*** on the first floor, madam.	Damen**bekleidung** ***ist*** im ersten Stock.
The **stairs** ***are*** over there on the right.	Die **Treppe** ***ist*** dort drüben rechts.

Im Gegensatz zu ihren deutschen Entsprechungen werden *clothes* [kləʊðz] und *stairs* nur im Plural gebraucht.
Ebenso: *goods* – Ware, *wages* – Lohn, *surroundings* – Umgebung, *thanks* – Dank

Paarwörter wie *trousers*

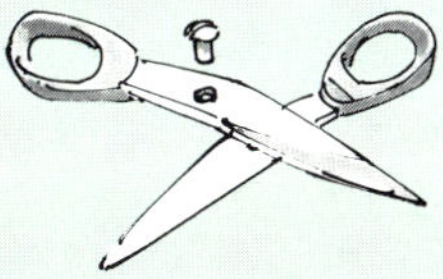
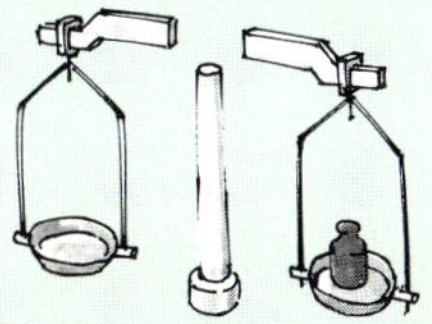
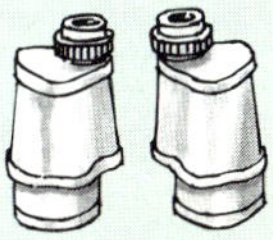

Your new **trousers** ***are*** nice. Where did you buy ***them?***	Deine neue **Hose** ***ist*** schön. ...
These **shorts** ***are*** too small.	Diese **kurze Hose** ***ist*** zu klein.
Where ***are*** my **glasses**? – ***They're*** here!	Wo ***ist*** meine **Brille**? – Sie ***ist*** hier.

Diese Paarwörter bezeichnen Dinge, die aus zwei Teilen bestehen.
Weitere Beispiele:
jeans, *pyjamas* – Schlafanzug, *scissors* – Schere, *scales* – Waage, *binoculars* – Fernglas.

Endungslose Nomen mit Pluralbedeutung wie *people* und *police*

These days most **people** ***have*** a TV set.	
The **police** ***are*** very helpful in emergencies.	Die **Polizei** ***ist*** ...
They can be called day and night.	***Sie kann*** ... gerufen werden.

Obwohl sie keine Pluralendung haben, werden diese Gruppenbezeichnungen wie Pluralformen verwendet, d. h. Verbform und Pronomen können nur im Plural stehen.

A The Spanish are ***a*** proud **people.** — ... ***ein*** stolzes **Volk.**
A prayer was said for all the **peoples** of the world. — ... alle **Völker** der Erde ...

People hat auch die Bedeutung ‚Volk'. In dieser Bedeutung kommt *people* im Singular und Plural vor.

§ 5 Mengenangaben bei Nomen, die nur im Singular oder nur im Plural gebraucht werden

Expressions of quantity with nouns used only in the singular or only in the plural

Vor Nomen, die nur im Singular oder nur im Plural gebraucht werden, kann weder der unbestimmte Artikel noch ein Zahlwort stehen, weil sie nicht zählbar sind (Ausnahme: *four people*).
Zur Mengenangabe verwendet man Umschreibungen.

Mengenangaben bei Stoffbezeichnungen

a **piece of** [əv] cake
a **packet of** tea
a **bottle of** milk
a **pound of** butter
a **cup/pot of** tea
a **bar of** chocolate
eine Tafel Schokolade

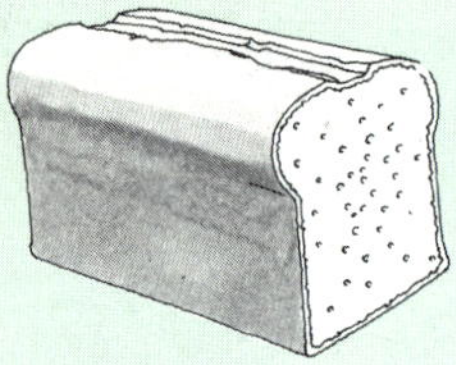

a **loaf of** bread
ein (Laib) Brot

a **slice of** bread
ein(e Scheibe) Brot

Mengenangaben mit *pair of* bei Paarwörtern

a **pair of** glasses
eine Brille
two **pairs of** pyjamas
zwei Schlafanzüge
two **pairs of** scissors
zwei Scheren
five **pairs of** shorts
fünf Paar Shorts

Mengenangaben mit *piece of* bei Sammelbegriffen und abstrakten Begriffen

a beautiful **piece of** furniture
several **pieces of** luggage
a good **piece of** advice
ein guter Rat
⚠ an interesting **piece of** information
eine interessante Information

***Some* und *any* als Mengenangaben**

I need **some** advice. I wonder if you could help me.	Ich brauche (einen) Rat.
I asked about local buses at the tourist office. But they couldn't give me **any** information.	Aber man konnte mir keine Auskunft geben.
Have you got **any** scissors? I'd like to cut out this advert.	Hast du eine Schere?

Bei allen zuvor aufgeführten Nomen können auch *some* und *any* gebraucht werden.
Zur Verwendung von *some/any* vgl. § 23.

6 Gruppenbezeichnungen wie *family/team*
Collective nouns such as *family/team*

Family und einige andere Gruppenbezeichnungen haben – im Gegensatz zu *people* und *police* (§ 4) – Singular- und Pluralformen *(one family, two families)*.
Im Singular gibt es aber zwei verschiedene Anwendungsmöglichkeiten:

My **family *are*** always together at Christmas time.

My **family *is*** one of the oldest in the town.

Gruppe als Summe der Mitglieder: **Verb, Pronomen, Begleiter im Plural**	**Gruppe als Einheit:** **Verb, Pronomen, Begleiter im Singular**
Our school **team *are*** away in London at the moment. ***They are*** playing in the National Cup. The **crowd *were*** so angry that ***they*** started throwing bottles onto the field.	Our rugby **team *isn't*** very strong this year. ***It needs*** a new coach. There ***was*** an enormous **crowd** outside the football ground, waiting to get tickets.
Hier wird betont, was die einzelnen Mitglieder tun, nicht die Gruppe als Ganzes. Diese Betrachtungsweise ist im Englischen sehr häufig, vor allem auch bei *class, club, crew, audience, government, school, company.*	Hier wird betont, daß die Gruppe als Ganzes gemeint ist. Die Familie, die Mannschaft usw. werden also – wie stets im Deutschen – als Einheit aufgefaßt.

1 A large **number of** people **were** injured in the accident.
Half of the children **were** ill. (Aber: **Half of** the money **was** spent on new equipment for the hospital.)

Bei Mengenangaben wie *a number of, the majority of, half of* richtet sich das Verb immer nach dem Nomen, das auf die Mengenangabe folgt. Da auf *a number of* und *the majority of* nur ein Plural folgen kann, steht auch das Verb hier immer im Plural. (Bei *half of* kann auch ein Singular folgen: Dann steht das Verb im Singular.)

2 A hundred pounds **is** a lot of money.
Five years **is** a long time to wait.

Trotz der Pluralform steht das Verb nach Geldbeträgen, Zeiträumen und anderen Maßangaben meist im Singular, da man die Maßangabe als Einheit auffaßt – als **(einen)** Betrag, **(einen)** Zeitraum usw.

A 3 **Everybody *sends their*** love. ***They*** all ***miss*** you.

Die mit *-body* oder *-one* zusammengesetzten Pronomen werden in der Umgangssprache oft mit Pluralformen wie *their* und *they* kombiniert. Das Verb, das unmittelbar auf *everybody, someone* usw. folgt, muß jedoch im Singular stehen.

§ 7 *s*-Genitiv und *of-phrase*

s-genitive and *of*-phrase

1. Bildung und Aussprache des *s*-Genitivs

Singular		
Kate's	book	[keɪts]
Father's	pipe	['fɑːðəz]
Charles's	records	['tʃɑːlzɪz]
Alice's	cassettes	['ælɪsɪz]
Plural		
my parents'	books	['peərənts]
the boys'	room	[bɔɪz]
the children's	toys	['tʃɪldrənz]
men's	clothes	[menz]

Im Singular wird ein Apostroph und *s* an das Nomen angefügt. Aussprache:
[s] nach stimmlosem Laut: [p,t,k usw.]
[z] nach stimmhaftem Laut: Vokale, [b,d,g,l usw.]
[ɪz] nach Zischlaut: [s,z,tʃ,dʒ,ʃ]

Bei Pluralformen auf *-s* wird nur ein Apostroph angefügt.
Bei anderen Pluralformen wird Apostroph und *s* angefügt (wie im Singular).
Auch hier richtet sich die Aussprache des *s* nach dem vorangehenden Laut. (Vgl. auch § 2.)

⚠ My **friend's** [frendz] bike is new.
My **friends'** [frendz] bikes are over there.
(My **friends** [frendz] all live in town.)

Beachte beim Hören: Bei Nomen mit regelmäßiger Pluralbildung kann man nur aus dem Zusammenhang erkennen, ob es sich um einen Genitiv im Singular oder im Plural (oder gar um einen einfachen Plural) handelt. Die Aussprache ist jeweils dieselbe.

A Mrs **Jones's/Jones'** hats ['dʒəʊnzɪz/dʒəʊnz]
the **Bates's/Bates'** house ['beɪtsɪz/beɪts]

Bei Familiennamen auf *-s* (wie *Jones, Bates*) kann entweder Apostroph + *s* oder nur ein Apostroph angehängt werden.

2. Verwendung

***s*-Genitiv bei Personen und Tieren**	***of-phrase* bei Dingen**
I've brought **Ronny's guitar.** He left it behind at **the Browns' party.** Where's **Spot's basket?** Don't take **the dog's biscuits** away – it might bite!	There's a big supermarket in **the centre of the town.** The car park is at **the other end of the High Street.** Let's put the bags in **the back of the car.**
Bei Personen wird grundsätzlich der *s*-Genitiv verwendet (Ausnahme: vgl. Kasten rechts). Der *s*-Genitiv ist aber auch bei Tieren allgemein üblich (selbst dann, wenn man als Personalpronomen *it* verwenden würde).	Die *of-phrase* drückt hier eine Art Zuordnung oder Zugehörigkeit zu einer Sache aus. Bei Personen wird die *of-phrase* verwendet, wenn die Personenbezeichnung durch eine nähere Bestimmung sehr lang wird, z. B.: *Is that the house **of those people that we met at the tennis club yesterday?***

Seite 15

A The Titanic was **Britain's** biggest and most modern passenger ship.
The **Government's** report will be published tomorrow.
This is **yesterday's** newspaper, not **today's.**

Den *s*-Genitiv verwendet man oft auch bei Orten, Ländern und Institutionen (Zeitungsstil) sowie bei Zeitbezeichnungen. Vgl. auch *an hour's walk* – ein einstündiger Spaziergang, *a two days' stay* (oder: *a two-day stay*) – ein Aufenthalt von zwei Tagen usw.

§ 8 Der *s*-Genitiv ohne nachfolgendes Nomen
The *s*-genitive without a noun

Bezugswort vorher genannt

That's a nice **camera.** – It's **my mother's.**
I've only borrowed it.

Whose **bike** is that outside? – It must be **Peter's.**

Das Nomen nach der Genitivform (das Bezugswort des Genitivs) kann entfallen, wenn es schon vorher genannt wurde. Dies ist z. B. meistens bei Fragen mit *whose* der Fall.

Ausdrücke wie *at the butcher's*

We get our meat **at the butcher's** in Queen Street.
Where's Tim? – He's **at David's/at the Longs'.**
I have to go to **the doctor's** tomorrow.
St Paul's isn't far from the Tower.

Bei Geschäften, Privatwohnungen, Restaurants und bekannten Gebäuden wird das Bezugswort (*shop, house, cathedral* usw.) als bekannt vorausgesetzt, auch wenn es nicht vorher erwähnt wurde. Der Genitiv kann hier allein stehen.

'But I told you to go to the newsagent's today, not to the butcher's.'

A The new headmaster is **a friend of my father's.** ... ein Freund (unter mehreren) meines Vaters.
Vgl.: The new headmaster is **my father's friend.** ... der (einzige) Freund meines Vaters.

In *a friend of my father's* sind *of-phrase* und nachgestellter *s*-Genitiv zu einem ‚doppelten Genitiv' zusammengefügt. Diese Konstruktion drückt aus, daß der Vater vermutlich mehrere Freunde hat.
Der einfache *s*-Genitiv *my father's friend* erweckt den Eindruck, der Vater habe nur einen Freund.

Kapitel 2: Artikel, Demonstrativpronomen und -begleiter
Articles, demonstrative pronouns and determiners

§ 9 Der bestimmte Artikel
The definite article

1. Formen und Aussprache

the [ðə]	**the** [ðɪ]
the **p**lane the **f**light the **n**ew airport	the **I**rish plane the **e**arly flight the **a**irport
the **Eu**ropean airlines [ˌjʊərəˈpiːən] the **U**nited States [jʊˈnaɪtɪd]	
	the **h**our [ˈaʊə] before your flight the **S**AS [ˌes eɪ ˈes] plane

Der bestimmte Artikel wird immer *the* geschrieben.
Die Aussprache ist vor Konsonanten [ðə],
vor Vokalen [ðɪ].

Ausschlaggebend ist, wie der erste Laut des folgenden Wortes ausgesprochen wird, nicht wie er geschrieben wird:
Vor [jʊ] wird der Artikel [ðə] gesprochen.
Vor stummem *h* wird er [ðɪ] gesprochen, ebenso beim Buchstabieren von *f, h, l, m, n, r, s* und *x*.

A 'Suntours' is **the** [ˈðiː] company for cheap flights to the Continent.

Wird der bestimmte Artikel besonders betont, so wird er immer [ˈðiː], d. h. mit langem [iː] ausgesprochen.

2. Verwendung

Houses are so expensive today. **Aber:** **The houses *in that area*** are very expensive.

Der bestimmte Artikel *the* zeigt an, daß Dinge oder Personen näher bestimmt werden:
Es sind also nicht Häuser im allgemeinen, sondern **bestimmte** Häuser gemeint.
Denkt man **nicht** an bestimmte Häuser, so darf man den Artikel *the* nicht verwenden.

Nomen nicht näher bestimmt: *ohne* Artikel	Nomen näher bestimmt: *mit* Artikel
Stoffbezeichnungen und abstrakte Begriffe	**Stoffbezeichnungen und abstrakte Begriffe**
A lot of **wine** is produced in California. **Mexican food** is very popular in Texas. **History** is full of disasters. **Die** Geschichte ... **Life** isn't always easy. **Das** Leben ...	**The wine we had last night** came from California. **The food in that Mexican restaurant** was excellent. I'm very interested in **the history of the American Indians.** I'm reading a book about **the life of Columbus.**
Wenn diese Nomen im allgemeinen Sinn gebraucht werden, so stehen sie ohne Artikel, selbst wenn ein Adjektiv (z. B. *Mexican*) vorausgeht.	Wenn auf diese Nomen eine nähere Bestimmung folgt (notwendiger Relativsatz, Ortsangabe, *of-phrase*), so werden sie **mit** dem bestimmten Artikel gebraucht.
Institutionen und Verkehrsmittel	**Institutionen und Verkehrsmittel**
School starts again in September. **Die** Schule ... The Smiths go to **church** most Sundays. ... in **die** Kirche. John and Peter go to school by **bus.** ... mit **dem** Bus ...	**The school Tracey goes to** is in Silver Street. **The church over there** was built in the last century. I must have left my camera on **the bus.**
Der bestimmte Artikel steht nicht, wenn an den Zweck der Institutionen (Unterricht, Gottesdienst, usw.) oder an die Verkehrsverbindung gedacht wird.	Der bestimmte Artikel wird verwendet, wenn eine ganz bestimmte Schule, Kirche usw. (meist das Gebäude) oder ein ganz bestimmtes Fahrzeug gemeint ist.
Monate, Wochentage, Mahlzeiten	**Monate, Wochentage, Mahlzeiten**
In Britain, **July** and **August** are the most popular months for holidays. **Der** Juli und **der** August ... The working week starts on **Monday.** ... **am** Montag. When we were on holiday, we made **breakfast** ourselves, but we usually went out for **dinner.**	**The June of 1987** was unusually cold and wet. I'll never forget **the Monday I started my first job.** **The breakfast you made this morning** was the best I've ever had. **The dinner on your birthday** cost us over £ 60.
Diese Nomen stehen ohne den bestimmten Artikel, wenn sie im allgemeinen Sinn verwendet werden (‚etwas, das immer wiederkehrt').	Der bestimmte Artikel wird benutzt, wenn z. B. ein ganz bestimmter Juni oder Montag oder ein ganz bestimmtes Frühstück oder Abendessen gemeint ist.

A 1 **Most** cars have seat-belts at the back these days. — **Die meisten** Autos ...
Most people think we are crazy to buy such a big car. — **Die meisten** Leute ...

Wenn *most* im Sinn von ‚die Mehrzahl' gebraucht wird, steht es – im Gegensatz zum Deutschen *die meisten* – ohne Artikel.

A 2 Do you play an instrument?
– Yes, I play **the** piano and **the** guitar. — Ja, ich spiele Klavier und Gitarre.

Bezeichnungen von Musikinstrumenten werden im Englischen – im Gegensatz zum Deutschen – meistens **mit** dem bestimmten Artikel an das Verb *play* angeschlossen.

§ 10 Der bestimmte Artikel bei Namen
The definite article with names

The Browns and the Robinsons are neighbours.

Bei Namen (auch geographischen Namen) wird der bestimmte Artikel im Englischen viel seltener verwendet als im Deutschen. Dies trifft jedoch nur auf Namen mit Singularform zu.

Ohne **bestimmten Artikel**	***Mit*** **bestimmtem Artikel**
Personennamen im Singular	**Familiennamen im Plural**
Julie often goes to the cinema with **Peter.** **Grandma** and **Aunt Mabel** watch a lot of TV. Poor **Dad** missed his favourite sports programme yesterday. **Der** arme **Papa** ...	**The Browns** and **the Robinsons** are neighbours. Browns und Robinsons sind Nachbarn. **The Chapmans** haven't got a TV set. They seem to prefer radio.
Personennamen im Singular und wie Namen gebrauchte Verwandtschaftsbezeichnungen stehen ohne den bestimmten Artikel. Dies ist auch dann der Fall, wenn ihnen ein Adjektiv vorausgeht (vgl. letztes Beispiel).	Familiennamen im Plural stehen im Englischen mit dem bestimmten Artikel.
Ländernamen im Singular, (einzelne) Berge	**Ländernamen im Plural, Gebirge**
Ben Nevis is the highest mountain in **Scotland,** and **Snowdon** is the highest in **Wales.** **Mount Whitney** in **America** is about as high as **Mont Blanc** in **France.**	Many people from **the Netherlands** live in **the United States.** Skiing has become quite popular in **the Scottish Highlands,** but of course it's better in **the Alps.**
Die meisten Ländernamen im Singular und Namen von einzelnen Bergen stehen ohne den bestimmten Artikel. (Ausnahmen: The USSR/the Soviet Union, the Sudan)	Außer Familiennamen stehen auch alle anderen im Plural gebrauchten Eigennamen mit dem bestimmten Artikel, z. B. Länder- und Gebirgsnamen.

Ohne bestimmten Artikel	*Mit* bestimmtem Artikel
Seen	**Flüsse und Meere (oder Meeresteile)**
People say that **Ullswater** is the most beautiful of the English lakes, but **Lake Windermere** is more popular for sailing. **Loch Lomond** is the largest of the Scottish lakes.	**The Thames, the Humber** and **the Tyne** all flow into **the North Sea.** **The Dover Strait** is the narrowest part of **the English Channel.**
Gebäude, Straßen, Parks	**Generell: Namen mit *of-phrase***
Most tourists want to see **Buckingham Palace.** **Oxford Street** is London's most popular shopping street. **Hyde Park** is London's largest park.	**The Palace of Westminster** is another name for **the Houses of Parliament.** Carisbrooke Castle is on **the Isle of Wight.** Many famous people were prisoners in **the Tower (of London).**
Aber: **the** High Street, **the** King's Road (in London)	Namen, die eine *of-phrase* enthalten, haben stets den bestimmten Artikel. Bei bekannten Sehenswürdigkeiten kann die *of-phrase* entfallen.

11 Der unbestimmte Artikel
The indefinite article

1. Formen und Aussprache

a [ə]	**an** [ən]
a **f**light a **l**arge airport a **US** plane a **E**uropean airline	an **i**nternational flight an **a**irport an **S**AS plane an **h**our's trip

Der unbestimmte Artikel lautet vor Konsonanten a [ə], vor Vokalen an [ən].
Ausschlaggebend ist, wie der erste Laut des folgenden Wortes gesprochen wird. (Vgl. § 9.)

2. Verwendung

Bei der Angabe von Beruf, Nationalität und Religion unterscheidet sich die Verwendung des unbestimmten Artikels vom Deutschen.

Mit unbestimmtem Artikel	*Ohne* unbestimmten Artikel
Berufsbezeichnungen	**Titel**
Frank's father is **a policeman.** ... ist Polizist. Sally worked as **a shop assistant** last summer. ... als Verkäuferin.	Mr O'Neil has been **mayor** for at least three years now. ...ist ... Bürgermeister. Elizabeth II became **Queen** when her father died in 1952. Not many people would like to be **President** of the USA.
Nationalität, Religion	
Carmen Smith is **a Spaniard,** but her husband is **an Englishman.** ... ist Spanierin, ... ist Engländer. Paul is **a Catholic,** but his girl-friend is **a Protestant.** ... ist Katholik, ... ist Protestantin.	Der unbestimmte Artikel entfällt vor Titeln, wenn (in einer bestimmten Stadt, einem Land usw.) nur eine Person diesen Titel führen kann.

A 1 Carmen is Spanish.

Zur Angabe der Nationalität kann statt des Nomens auch das Adjektiv verwendet werden.

A 2 Ben was in **a** hurry, as he always is. ... war in Eile ...
He has got **a** headache. ... hat Kopfschmerzen.

Abweichend vom Deutschen steht der unbestimmte Artikel auch bei Ausdrücken wie *in a hurry, to have (got) a headache.*

§ 12 Der unbestimmte Artikel bei Maß- und Zeiteinheiten
The indefinite article with units of quantity and time

Der unbestimmte Artikel in der Bedeutung ‚pro/je'	
Bei Maßeinheiten	**Bei Zeiteinheiten**
How much are these apples? - 50p **a pound.** ... 50p pro/je/das Pfund. This French wine costs £ 15 **a bottle!** ... £ 15 pro/je/die Flasche.	We don't use the car more than two or three times **a week.** ... zwei- oder dreimal in der Woche. There's a speed limit of 70 miles **an hour** on British motorways. ... 70 Meilen pro Stunde ...

§ 13 Die Stellung des bestimmten und des unbestimmten Artikels
The position of the definite and the indefinite article

Der bestimmte und der unbestimmte Artikel stehen normalerweise wie im Deutschen vor Adjektiv + Nomen (*the old book, an old book* usw.). Beachte jedoch folgende Sonderfälle:

Nachstellung des bestimmten Artikels bei *half, all, both, twice, double*	**Nachstellung des unbestimmten Artikels bei *half, what, quite, such* und *rather***
We spent **half the** afternoon practising for the concert. ... den halben Nachmittag ... Sorry, **all the** tickets are sold. ... alle Karten ... **Both the** plays sound interesting. Beide Stücke ... Last week we sold **twice the** number of tickets - and made **double the** amount of money. ... die doppelte Anzahl ... den doppelten Betrag.	Let's just sit in the sun for **half an** hour. ... eine halbe Stunde ... **What a** lovely day! Was für ein schöner Tag! This good weather is **quite a** surprise. ... eine ziemliche Überraschung. We had **such a** cold winter last year that the river froze over. ... einen so kalten Winter, ...

A This is **too** difficult **a** text for me to translate. ... ein zu schwieriger Text ...

Auch bei *too* + Adjektiv wird der unbestimmte Artikel nachgestellt.

§ 14 Demonstrativpronomen und Demonstrativbegleiter
Demonstrative pronouns and demonstrative determiners

This book, **that** shop

This, that, these und *those* können vor Nomen stehen. Dann sind sie **Begleiter** (auch ‚attributiv gebrauchte' oder ‚adjektivische Pronomen' genannt).

This is my book. Whose is **that?**

This, that, these und *those* können aber auch allein stehen. Dann sind sie **Pronomen** (auch ‚nominal gebrauchte' oder ‚substantivische Pronomen' genannt).

1. Formen und Aussprache

Singular:	**this** boy	**that** girl
Plural:	**these** boys	**those** girls

⚠ Beachte die unterschiedliche Aussprache von *this* [ðɪs] und *these* [ði:z].

2. Verwendung

***This - that* und *these - those* zur Gegenüberstellung**

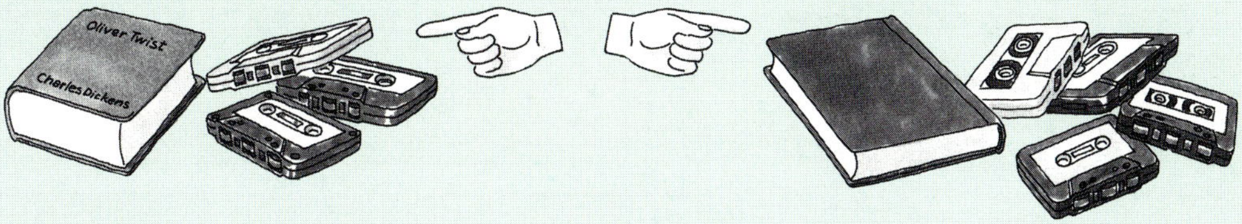

This is my book	and **that**'s Kevin's book.
These are my cassettes	and **those** are Kevin's cassettes.

Wenn zwei Personen oder Sachen einander gegenübergestellt werden, verwendet man zuerst *this,* dann *that.*
Entsprechend verwendet man im Plural zuerst *these,* dann *those.*

A This/That is my book.

Falls keine Gegenüberstellung beabsichtigt ist, kann man in der Umgangssprache sowohl *this* als auch *that* verwenden.

***This/these* weisen auf Näherliegendes hin**	***That/those* weisen auf Entfernteres hin**
Örtlich näherliegend	**Örtlich entfernt**
	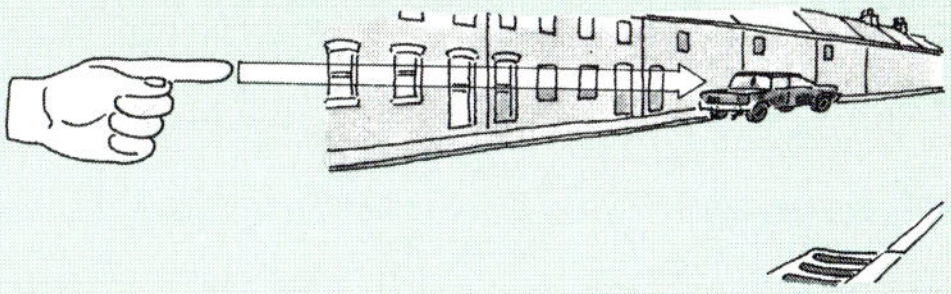
This car (here) looks pretty new	**That** car (on the other side of the street) must be at least twenty years old.
	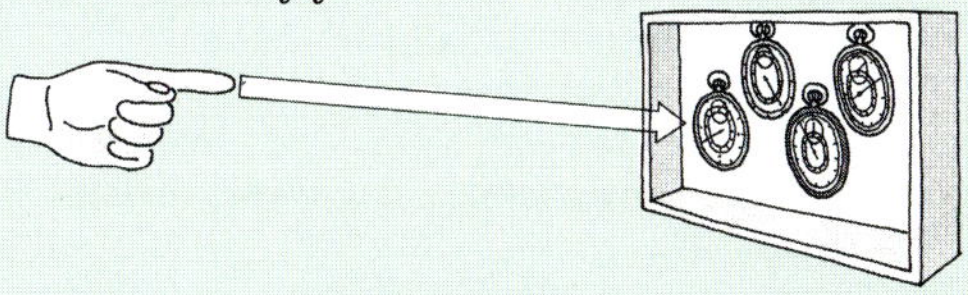
How much are **these** stop-watches here on the counter?	How much are **those** models over there?
Zeitlich näherliegend	**Zeitlich entfernt**
Earlier **this** year, we flew to Paris for a short holiday. Anfang dieses Jahres ... Airports are such crowded places **these** days. Flughäfen sind heutzutage ...	The last time we had been in Paris was in 1970. **That** was a long time ago. Air travel wasn't so popular in **those** days. Flugreisen waren damals ...

Kapitel 3: Personenbezogene Pronomen und Begleiter
Personal pronouns and determiners

§ 15 Formenübersicht
Table of forms

		Personal-pronomen		Possessivbegleiter und -pronomen		Pronomen auf *-self/-selves*	Reziproke Pronomen
Singular	1. Person	**I**	**me**	**my** address	**mine**	**myself**	
	2. Person	**you**	**you**	**your** home	**yours**	**yourself**	
	3. Person	**he** **she** **it**	**him** **her** **it**	**his** hobbies **her** age **its** name	**his** **hers**	**himself** **herself** **itself**	
	Allgemein	**one**	**one**	**one's** friends		**oneself**	
Plural	1. Person	**we**	**us**	**our** school	**ours**	**ourselves**	**each other /**
	2. Person	**you**	**you**	**your** teachers	**yours**	**yourselves**	
	3. Person	**they**	**them**	**their** jobs	**theirs**	**themselves**	**one another**

A Zu den personenbezogenen Pronomen und Begleitern gehören außerdem
– die Relativpronomen *who, whom, which* sowie *whose* (vgl. dazu §§ 131–135),
– die Fragewörter *who, whom, whose, which* (vgl. dazu § 141).

§ 16 Die Personalpronomen
The personal pronouns

1. Verwendung der Subjekt- und Objektformen

Die meisten Personalpronomen haben unterschiedliche Subjekt- und Objektformen.

Die Subjektformen (*I, he* usw.) entsprechen deutschen Nominativformen (*ich, du, er* usw.) Die Objektformen (*me, him* usw.) entsprechen deutschen Akkusativformen (*mich, dich, ihn* usw.) oder Dativformen (*mir, dir, ihm* usw.).

Vgl.: I'll give **her** (*ihr* - Dativ) the book when I next see **her.** (*sie* - Akkusativ)

Außerdem wird die Objektform in folgenden Fällen statt der deutschen Nominativformen verwendet:

'Who's that?' – 'It's only me.'

Objektform nach dem Verb *be*	
It's **me,** Barbara.	**Ich** bin's, Barbara.
That must be **him.**	Das muß **er** sein.
You needn't worry. It's only **us.**	... **Wir** sind's nur.

Nach den Formen von *be* wird in der Umgangssprache die Objektform verwendet.

Objektform in Vergleichen

I hardly recognized Ben. He's as tall as **me** now.
... so groß wie **ich.**
Peter's good at basketball, but I'm better than **him** at swimming. ... besser als **er** ...
The Johnsons have got a bigger house than **us.**
... ein größeres Haus als **wir.**

In Vergleichen steht nach *as* und *than* in der Umgangssprache normalerweise die Objektform des Pronomens.
(**Aber:** Wenn nach dem Pronomen noch ein Verb folgt, so verwendet man die Subjektform; vgl.: *He's as tall as **I** am.)*

2. Verwendung von *he, she, it*

***He/she* für Personen, *it* für Dinge**

he: boy, husband, uncle, actor, boyfriend usw.
she: girl, wife, aunt, actress, girlfriend usw.
it: letter, newspaper, book, literature usw.

Im Gegensatz zu den deutschen Pronomen *er/sie/es* beziehen sich *he* und *she* grundsätzlich auf Personen, *it* auf Dinge.

he/she:
When I came in, the **shop assistant** asked me what I wanted. **He/She** was very helpful.

Viele Nomen lassen nicht erkennen, ob es sich um eine männliche oder weibliche Person handelt. Dies wird oft erst durch das Pronomen klar. (Vgl. § 1.)

Verwendung von *he/she/it* für Tiere

Just look at **Kitty. She**'s caught another mouse!
This is **Leo. He**'s the oldest lion in the zoo.

Für Tiere, zu denen man eine besondere Beziehung hat (z. B. Haustiere), kann man *he* oder *she* verwenden. Meist haben solche Tiere Namen.

A cat isn't much trouble. **It** looks after **itself** most of the time.
Who does **this dog** belong to? This is the second time I've seen **it** in the garden today.

In allen anderen Fällen verwendet man *it.*

A What do you think of **my new car**? Isn't **she** (it) a beauty?
The Titanic was on **her** (its) first voyage across the Atlantic Ocean when **she** (it) hit an iceberg and sank.

She kann auch für Dinge stehen, zu denen der Sprecher ein besonderes, persönliches Verhältnis hat, z. B. Autos und Schiffe.

17 Allgemeine Personalpronomen (*one, you* usw.)
General personal pronouns

One* und *you* im Sinn von dt. *man

One can't believe everything **one** reads in the paper. Man kann nicht alles glauben, ...
One shouldn't change **one's** mind too often.
Man sollte seine Meinung nicht zu oft ändern.
He may be speaking the truth, but **you** never know. ..., aber man kann nie wissen.

Wenn man von Menschen allgemein spricht und sich dabei selbst mit einschließt, kann man die Pronomen *one* (Genitiv *one's*) oder *you* verwenden. In der Umgangssprache wird eher *you* gebraucht.
(Zu *one* als Stützwort vgl. § 37.)

They* und *people* im Sinn von dt. *man

They say that schooldays are the happiest days of your life. What rubbish! Man sagt, daß ...
They're building a new science block next to the school hall.
People don't realize how much work goes into producing a school play.

Wenn man nur an andere Leute denkt, sich selbst also ausschließt, so verwendet man *they* oder *people*.
(Häufig verwendet man im Englischen auch Passivsätze anstelle deutscher Aktivsätze mit ‚man'; vgl. § 79–81.)

§ 18 Die Possessivbegleiter
The possessive determiners

1. Formen

my jacket	**our** shoes
your scarf	**your** boots
his jeans/**her** blouse	**their** clothes
its tail	

⚠ Die Form *its* darf nicht mit der Kurzform *it's* (für *it is*) verwechselt werden.
Vergleiche:
*the city and **its** parks*
*Let's go to the park. **It's** open all day.*

2. Verwendung

Die Possessivbegleiter (auch ‚attributiv gebrauchte' oder ‚adjektivische Possessivpronomen' genannt) werden im Englischen ähnlich verwendet wie im Deutschen. In den folgenden Fällen ist ihre Verwendung jedoch im Deutschen nicht üblich oder selten:

Possessivbegleiter bei Körperteilen, Kleidungsstücken usw.

The other day a friend of mine fell off **his** motorbike and broke **his** leg. — ... fiel ... **vom** Motorrad und brach sich **das** Bein.
He also hit **his** head and injured **his** left arm. — ... **den** Kopf ... **den** rechten Arm.
You won't need **your** coat in the car, — ... **den** Mantel ...
but don't forget to fasten **your** seatbelt. — ... **den** Sicherheitsgurt ...

A Over sixty people lost **their lives** in the plane crash.
... kamen ... **ums Leben.**
We've changed **our minds** about the advantages of those cheap flights.
Wir haben unsere **Meinung** ... geändert.

Auch *life* und *mind* werden mit dem Possessivbegleiter verbunden. Steht das Subjekt des Satzes im Plural, so müssen auch die Pluralformen *lives* und *minds* verwendet werden.

§ 19 Possessivbegleiter + *own*
Possessive determiners + *own*

Die Possessivbegleiter *my, your* usw. können durch *own* verstärkt werden.
Im Gegensatz zum Deutschen kann *own* nur zusammen mit einem Possessivbegleiter verwendet werden.

They haven't got a TV set of their own.

Die beiden Konstruktionen mit *own*

Fortunately, we've got { **our own** beach hut. / a beach hut **of our own.**

⚠ He swam out to rescue the child, but he paid for it with **his own** life. ... mit **dem eigenen** Leben.

I haven't got a surfboard **of my own.**
Ich habe **kein eigenes** Surfbrett.

Die Verbindung ‚Possessivbegleiter + *own*' kann

– vor dem Nomen stehen
– mit *of* an das Nomen angeschlossen werden.

Vor *own* kann nur ein Possessivbegleiter stehen. Deutsche Wendungen wie *ein eigener, der eigene, kein eigener* darf man deshalb nicht wörtlich ins Englische übertragen.

⚠ an own goal — ein Eigentor

20 Die Possessivpronomen
The possessive pronouns

1. Formen

Whose book is this?
– It's ... { **mine/yours/his/hers** / **ours/yours/theirs**

Is this yours?

2. Verwendung

Possessivpronomen statt Possessivbegleiter + Bezugswort

That's a nice **camera.** Is it **yours?** (statt: Is it **your camera?**)
Whose is this blue **anorak?** – It's not **mine.** (statt: It's not **my anorak.**)
Whose are these **cassettes?** – They're **ours,** and the **recorder** is **ours,** too.

Das (‚nominal gebrauchte' oder ‚substantivische') Possessivpronomen verwendet man, um die Wiederholung des Bezugswortes zu vermeiden, vor allem in Antworten auf Fragen mit *whose.* (Vgl. § 8 zum *s*-Genitiv ohne nachfolgendes Nomen.)

A Linda is away at the moment. She's staying in London with a cousin **of hers.**
(Vgl.: This isn't our boat. It belongs to a friend **of my father's.)**

Hier wird *of* + Possessivpronomen genauso verwendet wie der ‚doppelte Genitiv' (vgl. § 8 A).

21 Die Pronomen auf *-self/-selves*
The pronouns ending in *-self/-selves*

1. Formen

Singular:	**myself**	**yourself**	**himself** **herself** **itself** **oneself**
Plural:	**ourselves**	**yourselves**	**themselves**

⚠ Beachte den Unterschied zwischen der Singularform *yourself* [-f] und der Pluralform *yourselves* [-vz].

A Die Form *oneself* gehört zum allgemeinen Personalpronomen *one* (vgl.§ 17). Sie wird vor allem beim Infinitiv verwendet, z. B. in Wörterbüchern: *to help oneself – sich bedienen.*

2. Verwendung

Reflexiver Gebrauch

While he was making the sandwiches, he cut **himself** with the bread knife.	... schnitt er sich ...
'May I introduce **myself?** My name's Smith.'	‚Darf ich mich vorstellen? ...'
'You can help **yourselves.** The drinks are on the table.'	‚Ihr könnt euch bedienen. ...'

Das Pronomen auf *-self/-selves* wird verwendet, wenn das Objekt dieselbe Person bezeichnet wie das Subjekt. Das Pronomen bezieht sich also auf das Subjekt, es ist ‚rückbezüglich' oder ‚reflexiv'.

⚠ Im Englischen hat das Reflexivpronomen – im Gegensatz zum Deutschen – immer eine andere Form als das Personalpronomen:

He introduced **us.** **Er** stellte **uns** vor.

Personalpronomen

We introduced **ourselves.** **Wir** stellten **uns** vor.

Reflexivpronomen

Deutsch: reflexiv – englisch: nicht reflexiv

This is my Uncle Fred. Do you **remember** him?	... **Erinnerst** du **dich** an ihn?
Oh yes, of course. He hasn't **changed** a bit.	... Er hat **sich** überhaupt nicht **verändert.**

Das Reflexivpronomen ist im Englischen weit seltener als im Deutschen. Vielen Verben, die im Deutschen reflexiv sind, entspricht im Englischen ein nicht-reflexives Verb:

sich erinnern an	remember	*sich ereignen*	happen	*sich bewegen*	move
sich (ver)ändern	change	*sich beeilen*	hurry	*sich öffnen*	open
sich fürchten	be afraid	*sich etw. vorstellen*	imagine s.th.	*sich setzen*	sit down
sich entschuldigen	apologize	*sich freuen auf*	look forward to	*sich fragen*	wonder

Verstärkender Gebrauch: dt. *selbst*

We hope that **the Queen *herself*** will come to open the new town hall.	... die Königin selbst ...
The building *itself* isn't very beautiful, but the grounds are lovely.	Das Gebäude selbst ...
The architects even designed some of the furniture ***themselves.***	Die Architekten ... selbst ...

Will man ein Nomen oder Pronomen im Satz besonders hervorheben, so kann man ein Pronomen auf *-self* oder *-selves* dahinter stellen. Soll das Subjekt hervorgehoben werden, so kann das Pronomen auf *-self/-selves* auch am Satzende stehen (letzter Beispielsatz).

22 Reflexivpronomen und reziproke Pronomen *(each other/one another)*

Reflexive pronouns and reciprocal pronouns

Reflexivpronomen: *sich selbst*

They are looking at **themselves** in the mirror.
Sie schauen **sich** im Spiegel an.

Animals feed their young ones until they can feed **themselves.**
... bis sie **sich** selbst ernähren können.

We ought to buy **ourselves** a really good pair of binoculars.
Wir sollten **uns** ... kaufen.

Die Reflexivpronomen auf *-selves* drücken aus, daß jeder Einzelne oder die Gruppe etwas für sich selbst tut.

Reziproke Pronomen: *sich gegenseitig, einander*

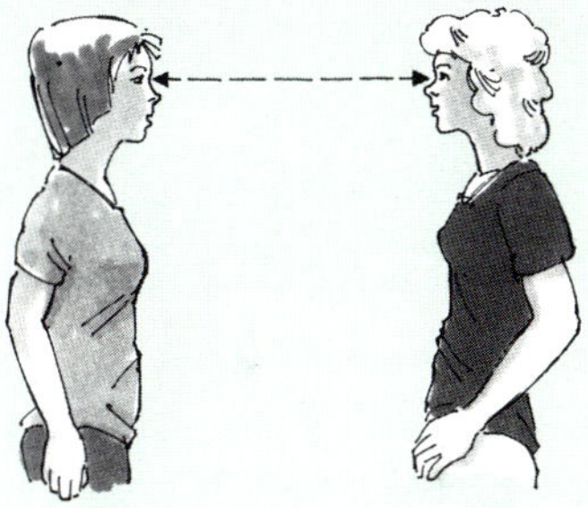

They are looking at **each other.**
Sie schauen **sich** an.

People would be a lot happier if they understood **one another** better.
..., wenn sie **sich** besser verstehen würden.

We (Susan and I) haven't seen **each other** for years.
Wir haben **uns** schon jahrelang nicht gesehen.

Wenn die Handlung auf Gegenseitigkeit beruht, so verwendet man *each other* oder *one another.* Im Englischen kann man hier kein Reflexivpronomen benutzen.

Kapitel 4: Unbestimmte Pronomen und Begleiter
Indefinite pronouns and determiners

§ 23 *Some* und *any* als Mengenangaben
Some and *any* used as expressions of quantity

1. Bedeutung

***some/any:* ,etwas', ,ein paar'**
There's **some milk** on the kitchen table – and there are **some biscuits** in the cupboard. Es ist (etwas) Milch auf dem Küchentisch – und es sind (ein paar) Kekse im Schrank. Is there **any orange juice** left? Ist noch (etwas) Orangensaft übrig?
I've still got **some homework** to do. We don't have to learn **any words** today.
I've used up all my **writing-paper.** Have you got **any?** – Yes, of course. I'll give you **some.**

Wenn man eine unbestimmte Menge oder Anzahl von etwas bezeichnen will, benutzt man im Englischen *some* oder *any.*

⚠ Im Gegensatz zum Deutschen kann man die Mengenangabe im Englischen nicht weglassen.

Some/any verwendet man vor Stoffnamen und anderen nicht-zählbaren Nomen (vgl. §§ 1 und 3) sowie vor den Pluralformen von Nomen.

Wenn das Nomen bereits genannt wurde, kann es weggelassen werden.

A 1 I need **some salt.** [s(ə)m 'sɔ:lt] – There's **some** ['sʌm] on the table.

Some wird normalerweise unbetont, d.h. mit [ə] oder ganz ohne Vokal ausgesprochen.
Wenn das Nomen weggelassen wird, spricht man *some* jedoch betont, d. h. mit [ʌ] aus.

A 2 **Some man** ['sʌm 'mæn] rang up this morning and wanted to speak to you. — Irgendein Mann rief ... an ...
She lives in **some village** ['sʌm 'vɪlɪdʒ] in the north of England. — ... in irgendeinem Dorf ...

Some bezeichnet hier eine nicht näher bekannte Person oder Sache. In dieser Bedeutung wird es immer betont.
Zu *any* in der Bedeutung ,jeder beliebige' vgl. § 28.

2. Verwendung in verschiedenen Satzarten

Wenn man davon ausgeht, daß etwas tatsächlich vorhanden oder möglich ist, so verwendet man *some.* Andernfalls verwendet man *any.*

Bejahte Aussagesätze: *some*	**Verneinte Aussagesätze: *any***
Let's buy **some** bacon for breakfast tomorrow. We've still got **some** eggs. I'd like **some** of those local-grown tomatoes, please.	I'm afraid I **didn't** get **any** peaches today. The Browns **never** eat **any** meat at all. There's **hardly any** coffee left.
	Außer *not* haben auch Wörter wie *never* sowie *hardly, scarcely* (kaum), *rarely* verneinende Bedeutung. Deshalb verwendet man nach ihnen *any* und nicht *some.*

Fragesätze mit *some*	Fragesätze mit *any*
Could I have **some** biscuits?. – Certainly. Here you are. Would you like **some** more tea? – Yes, please.	Have you got **any** chocolate biscuits? – Yes, I think so. Is there **any** tea left in the pot? – No, I'm afraid it's all gone.
Some verwendet man, wenn man positive Antworten erwartet oder dazu ermutigen will. Die Fragen sind dabei im Grunde Bitten, Aufforderungen, Angebote oder Vorschläge, also **nur der Form nach Fragen.**	*Any* verwendet man, wenn man nicht weiß, ob die Antwort ja oder nein lauten wird. Es handelt sich hier also um **echte Fragen.**

24 Die Zusammensetzungen mit *some* und *any*
The compounds of *some* and *any*

Zu *some* und *any* gibt es folgende Zusammensetzungen:

someone/anyone *somebody/anybody*	(irgend) jemand
something/anything	(irgend) etwas
somewhere/anywhere	irgendwo

Für die Verwendung in verschiedenen Satzarten gelten dieselben Regeln wie für *some* und *any* (vgl. § 23.2).

'Have you got anything to declare?'

Zusammensetzungen mit *some*	Zusammensetzungen mit *any*
In bejahten Aussagesätzen	**In verneinten Aussagesätzen**
There's **someone** at the door. Who can it be? There's a parcel for you, Mum. It must be **something** from Grandma. The Browns live **somewhere** near the post office.	There is**n't anyone** at home, I'm afraid. We **hardly** hear **anything** from Uncle Ron these days. They **never** go **anywhere** without that awful dog.
In Fragesätzen: bei Bitten, Angeboten usw.	**In Fragesätzen: bei echten Fragen**
Could **someone** pass me the butter? Would you like **something** to drink?	Did **anyone** ring up this afternoon? Is there **anything** I can do to help?

⚠ Is there **anything interesting** on at the theatre this week? ... etwas Interessantes ...?
Let's go **somewhere else.** ... woanders ...

Auf die Zusammensetzungen mit *some* und *any* kann ein Adjektiv oder das Wort *else* folgen.

A 1 Zu *anyone/anybody, anything, anywhere* in den Bedeutungen *jeder beliebige, alles, überall* vgl. § 28.

A 2 Weitere Zusammensetzungen mit *some* und *any* sind *sometimes* (manchmal), *somehow* (irgendwie), *anyhow* (irgendwie; jedenfalls, trotzdem), *anyway* (jedenfalls, trotzdem).

§ 25 *No* und seine Zusammensetzungen
No and its compounds

no* + Nomen – *none	
We've got **no paper** and **no envelopes.** How many **postcards** did you buy? – **None.** ... – Keine. **None of the shops** here sells stamps.	*No* in der Bedeutung ‚kein' kann nur vor Nomen stehen. Soll ein Nomen nicht wiederholt werden, so verwendet man *none* [nʌn]. Auch vor einer *of*-Gruppe steht *none.*
Zusammensetzungen mit *no*	
We rang their number, but **no one / nobody** answered the phone. Have you heard anything from Andrew? – No, **nothing** at all. I've been looking for his last letter, but it's **nowhere** to be found.	Wie zu *some* und *any* gibt es auch zu *no* Zusammensetzungen: *no one/nobody* niemand *nothing* ['nʌθɪŋ] nichts *nowhere* nirgends
Verwendung von *not ... any* statt *no*	
There were**n't any** telephone calls for you. (There were **no** telephone calls for you.) I **don't** remember **anything** about it. (I remember **nothing** about it.)	*No* und seine Zusammensetzungen können für *not ... any* und seine Zusammensetzungen eintreten. Im allgemeinen wird jedoch *not ... any* bevorzugt.

§ 26 *Much* und *many*
Much and *many*

***Much* (‚viel'): bei Nomen im Singular**	***Many* (‚viele'): bei Nomen im Plural**
How **much money** do you spend on books? – Not **much.** I wouldn't like to study history, it's too **much work.** I didn't do **much** today.	I haven't bought **many books** so far this year. Do you read **many short stories** at school? – No, not **many.**
Much wird bei Stoffbezeichnungen und anderen nicht-zählbaren Nomen im Singular verwendet. Außerdem steht es für ‚viel' im allgemeinen Sinn.	⚠ Bei den Pluralformen von Nomen wird *many* (‚viele') gebraucht. *Much* kommt hier nicht in Frage.

A Hurry up, we have**n't** got **much** time.
I wonder why Jo spends so **much** money on clothes.

Don't worry, we've got **plenty of** time.
We spend **a lot of / lots of** money on records.

Much wird vorwiegend in Fragen und verneinten Sätzen verwendet.
In bejahten Aussagesätzen kommt es fast nur in den Verbindungen *so much, too much, very much* vor.
Sonst gebraucht man in bejahten Sätzen meist *a lot of, lots of* oder *plenty of.*

27 *Little, a little – few, a few*

little (‚wenig') / *a little* (‚ein wenig') } **bei Nomen im Singular**	*few* (‚wenige') / *a few* (‚einige') } **bei Nomen im Plural**
I don't eat much in the mornings. I have too **little time.** There's only **a little milk** left for breakfast.	I took over thirty **photos.** – So **few?** We took at least two hundred. We bought **a few postcards** too, of course.
Little und *a little* werden bei Stoffnamen und anderen nicht-zählbaren Nomen verwendet.	⚠ Bei Nomen im Plural werden *few* bzw. *a few* verwendet. *Little* oder *a little* kommen hier nicht in Frage.

A They make very **little** money out of that hotel.
They have very **few** guests.
(They **don't** make **much** money out of that hotel, and they haven**'t many** guests.)

It's only a small hotel, but they make **a little** money out of it. There are always **a few** guests.

Little und *few* betonen, daß nur wenig oder nur wenige vorhanden sind, drücken also eine Einschränkung aus. In der Umgangssprache werden sie fast nur nach *very, too, so* und *how* verwendet, sonst sagt man stattdessen gewöhnlich *not much* bzw. *not many.*
A little und *a few* betonen dagegen, daß *immerhin etwas* oder *immerhin einige* vorhanden sind.

§ 28 *Every, each* und *any* als Entsprechungen zu *jeder*
Every, each and *any* for German *jeder*

Das deutsche *jeder* ist mehrdeutig. Im Englischen wird *jeder* – je nach Bedeutung – durch *every, each* oder *any* wiedergegeben.

every: jeder, ohne Ausnahme

Every dog needs exercise.
Every dog owner knows that.
Jim loves animals. He knows the name of **every cow on the farm.**
Sarah goes riding **every weekend in the summer.**

Every (+ Nomen) bezeichnet
- jeden allgemein (auf der ganzen Welt) (Hier ist *each* nicht möglich.)
- jeden aus einer eingeschränkten Anzahl (Hier wäre auch *each* möglich: ... *each cow on the farm, ... each weekend in the summer.*)

Ben is such a friendly dog. **Everyone** loves him.
He's clever too. He understands **everything** I say.
Has anyone seen Tigger? I've looked **everywhere,** but I can't find him.

Entsprechende Bedeutung haben auch die Zusammensetzungen:

everyone/-body	jeder (alle, ohne Ausnahme)
everything	alles (ohne Ausnahme)
everywhere	überall (an allen Orten)

each: jeder einzelne aus einer Gruppe

Each of the hotel rooms has a sea view.
Each of these paths goes down to the beach.

Each wird vor allem vor einer *of-phrase* verwendet. (*Every* ist hier nicht möglich.)

The large **ice-creams** are 80p **each.**
He gave the **children each** a bar of chocolate.

Each kann sich, im Gegensatz zu *every,* auch auf ein vorangehendes Nomen beziehen.

Each/Every room in the hotel has its own TV set.
We had fresh fruit **each/every day** at breakfast.

Außerdem kann *each* im gleichen Zusammenhang wie *every* auftreten. *Each* betont dabei, daß jeder einzelne aus der Gruppe für sich gesehen wird.

any: jeder x-beliebige

If you aren't sure of the way, ask **any person** you happen to meet.
Any time you are in our part of the town, come and see us.
You can take **any of the buses** going to Stockport. It doesn't matter which.

Any wird für das deutsche *jeder* gebraucht, wenn keine bestimmte Person oder Sache gemeint ist, sondern irgendeine beliebige.
In dieser Bedeutung wird *any* auch in bejahten Sätzen verwendet, vor allem in Anforderungssätzen und in Sätzen mit *can, may, will.* (Vgl. dagegen § 23.2)

Anybody/Anyone will be able to tell us the way to the station.
I would do **anything** for you.
I don't know where the keys are. They may be **anywhere.**

Entsprechend können auch die Zusammensetzungen gebraucht werden:

anyone/-body	jeder	= jede beliebige Person
anything	alles	= egal was
anywhere	überall	= an jedem beliebigen Ort

29 *All*

All the neighbours love music.

all **ohne Artikel**	***all*** **mit Artikel**
All children like sweets. Alle Kinder ... **All meat** should be kept in a cool place. Jedes Fleisch...	**All the children in our street** have got bikes. Alle Kinder in unserer Straße ... Tommy has left most of the vegetables, but he's eaten **all the meat (on his plate).** ... das ganze Fleisch ...
All ohne Artikel bezeichnet alle/alles aus einer nicht eingeschränkten Anzahl oder Menge (hier: alle Kinder/jedes Fleisch überhaupt). *All* ohne Artikel wird vor allem in Verallgemeinerungen verwendet.	*All the* bezeichnet alle/alles aus einer eingeschränkten Anzahl oder Menge (hier: nicht alle Kinder überhaupt, sondern nur die Kinder in unserer Straße; nicht jedes Fleisch überhaupt, sondern nur das Fleisch auf dem Teller). Außerdem kann *all* (wie dt. *alle*) auch vor einem Demonstrativ- oder Possessivbegleiter stehen: *all those houses* alle diese Häuser *all that money* all das Geld *all my life* mein ganzes Leben

A He worked **all day.** ... den ganzen Tag.

All (ohne Artikel) steht vor Zeitbezeichnungen wie *day, night, afternoon, week* zur Bezeichnung einer Gesamtdauer. Normalerweise verwendet man *all* jedoch nur bei Pluralformen (*children, houses* usw.) und bei nicht-zählbaren Nomen (*meat, money* usw.)

§ 30 *Both, either, neither*

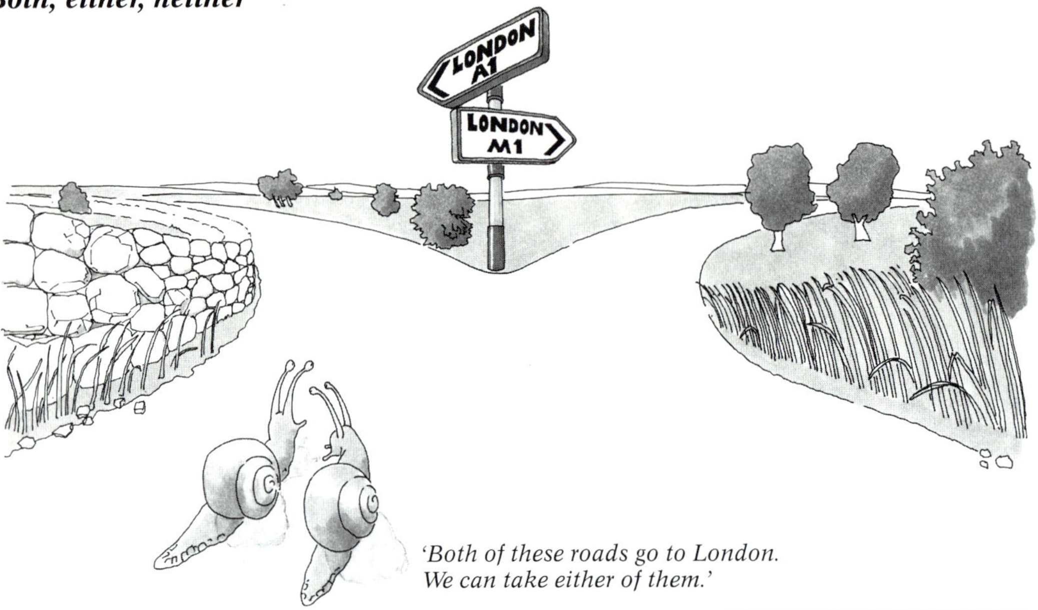

*'Both of these roads go to London.
We can take either of them.'*

both: **(alle) beide**	***not ... either:*** / ***neither:*** } **keiner von beiden**
Both cars were badly damaged in the accident. Beide Autos ... **Both drivers** had to be taken to hospital. Beide Fahrer ... **Both of them** were injured. Beide waren verletzt. ⚠ The parents were both injured, but fortunately **the two children** were not hurt. ... die beiden/die zwei Kinder ... Im Gegensatz zum deutschen *beide* ist *both* immer betont und steht nie nach dem bestimmten Artikel. Für das unbetonte *die beiden/die zwei* kommt im Englischen nur *the two* in Frage.	Which of the two cars we looked at did you like best? – I'm afraid I **didn't** like **either** of them. **Neither** of them had much room at the back. ***either:*** **irgend einer/jeder von beiden** Shall we have green or blue seats? – I don't think it matters much. **Either** colour would look nice.

A Zu *not ... either* und *neither* in der Bedeutung ‚auch nicht' vgl. §§ 144 und 145.2.
Zu den Verbindungen *either... or ...* (entweder ... oder ...), *neither ... nor ...* (weder ... noch ...) und *both ... and ...* (sowohl ... als auch ...) vgl. § 145.1.

Kapitel 5: Zahlen, Zeit- und Ortsangaben
Numbers and expressions of time and place

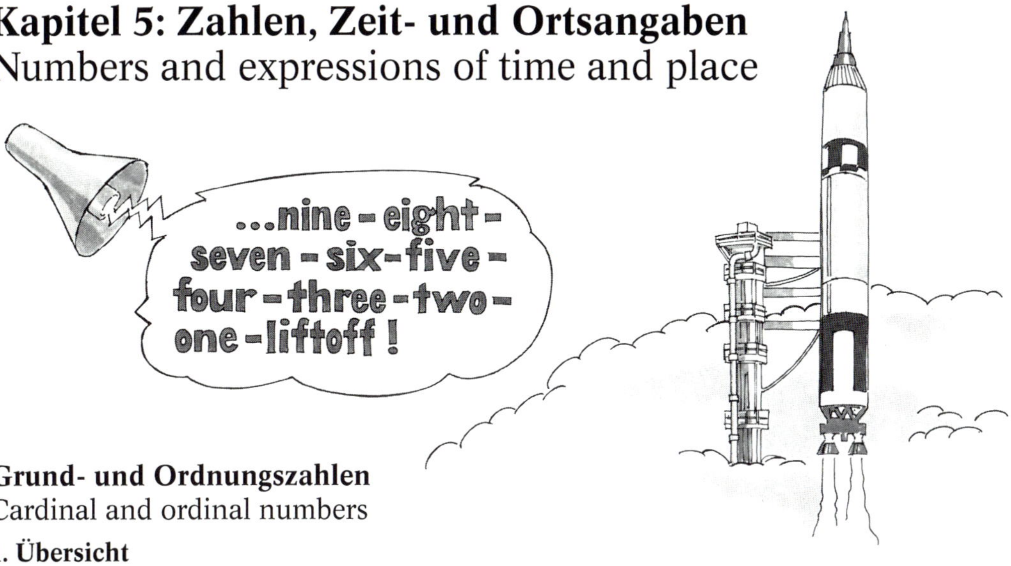

31 Grund- und Ordnungszahlen
Cardinal and ordinal numbers

1. Übersicht

Grundzahlen			**Ordnungszahlen**		
1	one	[wʌn]	1st	the first	[fɜ:st]
2	two	[tu:]	2nd	the second	['seknd]
3	three	[θri:]	3rd	the third	[θɜ:d]
4	four	[fɔ:]	4th	the fourth	[fɔ:θ]
5	five	[faɪv]	5th	the **fifth**	[fɪfθ]
6	six	[sɪks]	6th	the sixth	[sɪksθ]
7	seven	['sevn]	7th	the seventh	['sevnθ]
8	eight	[eɪt]	8th	the **eighth**	[eɪtθ]
9	nine	[naɪn]	9th	the **ninth**	[naɪnθ]
10	ten	[ten]	10th	the tenth	[tenθ]
11	eleven	[ɪ'levn]	11th	the eleventh	[ɪ'levnθ]
12	twelve	[twelv]	12th	the **twelfth**	[twelfθ]
13	thirteen	['θɜ:'ti:n]	13th	the thirteenth	['θɜ:'ti:nθ]
14	fourteen	['-'-]	14th	the fourteenth	['-'-]
15	**fifteen**	['fɪf'ti:n]	15th	the fifteenth	['-'-]
16	sixteen	['-'-]	16th	the sixteenth	['-'-]
17	seventeen	['--'-]	17th	the seventeenth	['--'-]
18	**eighteen**	['-'-]	18th	the eighteenth	['-'-]
19	nineteen	['-'-]	19th	the nineteenth	['-'-]
20	twenty	['twentɪ]	20th	the twentieth	['twentɪəθ]
21	twenty-one	[ˌ--'-]	21st	the twenty-first	[ˌ--'-]
22	twenty-two	[ˌ--'-]	22nd	the twenty-second	[ˌ--'--]
...			...		
30	thirty	['θɜ:tɪ]	30th	the thirtieth	['θɜ:tɪəθ]
40	**forty**	['fɔ:tɪ]	40th	the fortieth	['---]
50	**fifty**	['fɪftɪ]	50th	the fiftieth	['---]
60	sixty	['sɪkstɪ]	60th	the sixtieth	['---]
70	seventy	['sevntɪ]	70th	the seventieth	['----]
80	**eighty**	['eɪtɪ]	80th	the eightieth	['---]
90	ninety	['naɪntɪ]	90th	the ninetieth	['---]
100	a/one hundred	[ə'hʌndrəd]	100th	the (one) hundredth	
143	a/one hundred **and** forty-three		143th	the (one) hundred **and** forty-third	
1,000	a/one thousand	[ə'θaʊznd]	1,000th	the (one) thousandth	
4,638	four thousand six hundred and thirty-eight		4,638th	the four thousand six hundred and thirty-eighth	
1,000,000	a/one million	[ə'mɪljən]	1,000,000th	the (one) millionth	
2,000,000	two million		2,000,000th	the two millionth	
1,000,000,000	a thousand million (BE) a billion (AE)		1,000,000,000th	the thousand millionth (BE) the billionth (AE)	

2. Besondere Hinweise zu den Grundzahlen

Beispiel	Deutsch	Erklärung
thirty-two seventy-three	zweiunddreißig dreiundsiebzig	Zehner- und Einerzahlen werden durch Bindestrich miteinander verbunden.
a hundred **and** two two thousand **and** twenty	hundert(und)zwei zweitausend(und)zwanzig	Einer- und Zehnerzahlen werden durch *and* an Hunderter- und Tausenderzahlen angeschlossen. (Im amerikanischen Englisch wird *and* jedoch meist weggelassen.)
a hundred pounds **one** thousand miles **two** hundred kilometres	(ein)hundert Pfund	Vor *hundred* und *thousand* steht immer ein anderes Zahlwort oder der unbestimmte Artikel *a*.
50,000 (fifty thousand) 4,635,826 3.5 (three point five)	(dt. 50 000/50.000) (dt. 4 635 826/4.635.826) (dt. 3,5 – drei Komma fünf)	Bei Zahlen über 1000 werden meist je drei Stellen von rechts durch ein Komma abgeteilt. (Im Deutschen benützt man Zwischenräume oder Punkte.) Dagegen werden Dezimalzahlen im Englischen mit einem Punkt geschrieben.
1066 (ten sixty-six) 1994 (nineteen ninety-four)		Jahreszahlen werden oft in Zehnereinheiten gesprochen.

A Für die Ziffer 0 gibt es im Englischen verschiedene Bezeichnungen. Man sagt z. B.

zero	[ˈzɪərəʊ]	für den Nullpunkt einer Skala: *The temperature is ten below zero.*
nought	[nɔːt]/*zero*	für den Zahlenwert 0 in der Mathematik: *Three minus three leaves nought* (BE)/*zero* (AE).
o	[əʊ]	in Fernsprechnummern: 55040 *(double five – o – four – o)*
nil	[nɪl]	für Sportergebnisse: *The match ended 5:0 (five nil).*
love	[lʌv]	15:0 beim Tennis: *fifteen love*

3. Besondere Hinweise zu den Ordnungszahlen

Beispiel	Erklärung
the first, the twenty-second, the hundred and third, the fourth, the fifth, etc. the twentieth [ˈtwentɪəθ]	*First, second, third* sind unregelmäßige Formen. Sie werden auch bei zusammengesetzten Ordnungszahlen verwendet. Alle anderen Ordnungszahlen werden auf *-th* gebildet. Beachte jedoch die fett gedruckten Formen in der Tabelle sowie die Zehnerzahlen auf *-tieth* (zwei Silben).
1st – fir**st** 2nd – seco**nd** 3rd – thi**rd** 4th – four**th** 21st – twenty-fir**st**, etc.	Nach einer Ordnungszahl in Ziffernschreibweise steht nicht wie im Deutschen ein Punkt, sondern es werden die beiden letzten Buchstaben des Wortes angefügt.
Henry VIII (Henry the Eighth) Elizabeth II (Elizabeth the Second)	Auch die römischen Ziffern nach Herrschernamen stehen ohne Punkt, werden aber als Ordnungszahlen gesprochen.
1/3 a/one third 2/3 two thirds 7/8 seven eighths	Bei Bruchzahlen wird der Nenner mit Hilfe einer Ordnungszahl gebildet. (Ausnahmen: 1/2 *a half*, 1/4 *a quarter*, 3/4 *three quarters*)

A Henry VIII wanted a divorce for more than one reason: **first(ly)**, he needed a son; **second(ly)**, he had become tired of his first wife and was now in love with Anne Boleyn; and **third(ly)**, he wanted to break with Rome and become head of the English Church himself.
...erstens...zweitens...drittens...

Beim Aufzählen von Argumenten können Ordnungszahlen verwendet werden. Häufig wird *-ly* angehängt.

32 Das Datum
The date

Schreibung	Aussprache
June 2nd, 1994; June 2, 1994; 2nd June(,)1994; 2 June(,)1994; 2/6/94; 2.6.94	'June the second, nineteen ninety-four'; 'The second of June, nineteen ninety-four'

A Beachte den Unterschied zwischen der britischen und der amerikanischen Schreibweise.

BE: 24. 12. 94 (Tag, Monat, Jahr)

AE: 12. 24. 94 (Monat, Tag, Jahr)

33 Wiederholungszahlen
Expressions of frequency

The Queen opens Parliament **once** a year.
The Prince of Wales has visited our town **twice.**
Princess Anne loves horses. I believe she goes riding **three** or **four times** a week.

Mit Ausnahme von *once* und *twice* werden Wiederholungszahlen aus der Grundzahl und *times* gebildet.

34 Die Uhrzeit
Telling the time

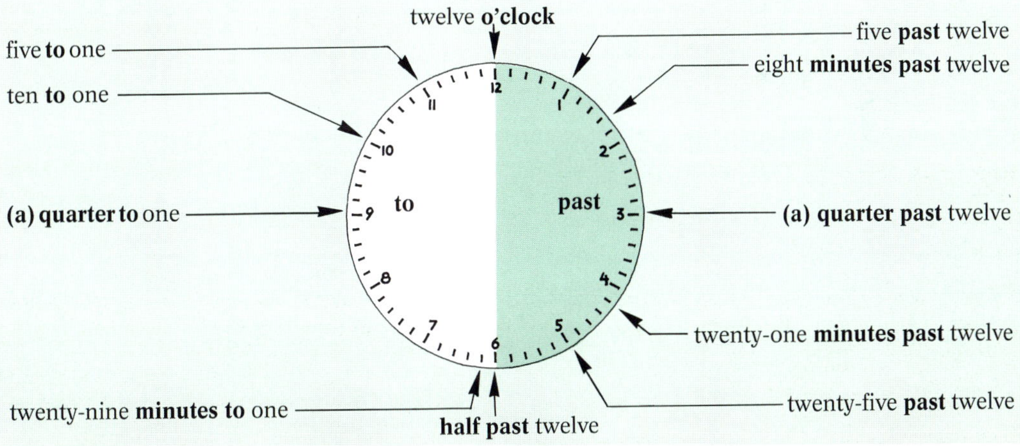

Die Zeitangaben der ersten halben Stunde (einschließlich!) bezieht man im Englischen auf die vorangehende Stunde (vgl. *half past **twelve*** - halb **eins**). Die Zeitangaben der zweiten halben Stunde bezieht man auf die folgende Stunde (vgl. *quarter to one*).

It's **five** (minutes) past twelve.
It's **six minutes** past twelve.

Bei Fünferzahlen (5,10,15 usw.) fehlt gewöhnlich das Wort *minutes.*
Bei Zahlen, die nicht durch 5 teilbar sind, muß *minutes* jedoch stehen.

A 1 It's 12.15 *(twelve fifteen)* – 8.30 *(eight thirty)* – 9.59 *(nine fifty-nine)*

Man kann – ähnlich wie im Deutschen – auch zuerst die Stunde, dann die Minuten nennen (vgl. *zwölf Uhr fünfzehn*). Dies ist vor allem bei Programmansagen und Fahrplanangaben üblich.

A 2 Most of the shops open at 9 a.m. and close at 5.30 p.m. Only the supermarket stays open till 9 p.m.

Um Verwechslungen zu vermeiden, kann man die Stunden von 0 – 12 durch *a.m.* [ˌeɪˈem] (lat. *ante meridiem* = **vor** Mittag), die Stunden von 12 – 24 Uhr mit p.m. [ˌpiːˈem] (lat. *post meridiem* = **nach** Mittag) bezeichnen.

A 3 The plane will take off at **18.00** *(eighteen hours)*. It will land at **20.05** *(twenty-o* [əʊ]*-five)*.

Im amerikanischen Englisch gibt es auch die Aussprachevariante *eighteen hundred hours* für 18.00.

§ 35 Präpositionen in Zeitangaben
Prepositions in expressions of time

1. Uhrzeiten und Tageszeiten

at 6 o'clock um 6 Uhr	**at** noon um 12 Uhr mittags	**at** midnight um Mitternacht

0 1 2 3 4 5 6 7 8 9 10 11 12 1 2 3 4 5 6 7 8 9 10 11 12

0 – 12	12 – 5	6 – 9	10 – 12
in the morning am Morgen/Vormittag	**in** the afternoon am Nachmittag	**in** the evening am Abend	**at** night in der Nacht

Beachte:

in the morning **in** the afternoon	◂ Zeit**raum** (aber: **at** night)	⚠ **on** the morning/evening ***of December 25th***	an einem **bestimmten** Morgen/Abend/Nachmittag
at 6 o'clock	◂ Zeit**punkt**	**(on)** ***that*** afternoon	

⚠ *Tonight, last night* usw. entsprechen oft dem deutschen *heute/gestern abend* usw.

2. Wochentage, Festtage, Monate, Jahreszeiten und Jahreszahlen

Monday	January	
Tuesday	February	
Wednesday	March	spring
Thursday	April	
Friday	May	
Saturday	June	summer
Sunday	July	
	August	
	September	autumn (AE: fall)
	October	
	November	
	December	winter

***in:* Monat, Jahr, Jahreszeit**

in January
in 1994 (im Jahr) 1994
in (the) spring, **in** (the) summer,
in (the) autumn/fall, **in** (the) winter
in the winter of 1985

***at:* Festtage wie Ostern, Weihnachten**

at Easter (time), **at** Christmas (time)

***on:* Wochentag, Tag des Monats, bestimmter Festtag**

on Monday, **on** Tuesday usw.
on the 12th of December
on my birthday, **on** Christmas Day, **on** Easter Sunday

Ohne Präposition bei *next, last*

last Friday	(am)letzten Freitag
last January	(im)letzten Januar
next winter	(im) nächsten Winter

3. Weitere Präpositionen in Zeitangaben

We'll leave **after** breakfast.	*after*	nach
Try to be here **before** 9 o'clock.	*before*	vor
I met him two days **ago.**	*... ago*	vor (dem jetzigen Zeitpunkt)
I haven't seen her **since** 9 o'clock this morning.	*since*	seit (einem Zeitpunkt)
I haven't seen her **for** three hours.	*for*	seit (einem Zeitraum), (eine bestimmte Zeit) lang
The show starts sometime **between** 9 and 10 p.m.	*between*	zwischen
We watched TV **till/until** midnight.	*till/until*	bis
The programme will be on **from** 10 **to/till** 12 p.m.	*from ... to/till/until*	von ... bis
Could you please be ready **by** half past seven?	*by*	bis (spätestens)

36 Präpositionen in Orts- und Richtungsangaben
Prepositions in expressions of place and direction

Ortspräpositionen

by, near	the door
at / **under** / **on** / **over**	the table
above / **below**	the bookshelf
in front of/ before / **behind** / **in** / **outside**	the house
against	the wall
round	the fire
opposite	the lady
among	his friends
between	her parents
beside	his mother

Richtungspräpositionen

on, onto / **from, off**	the roof
over	the fence
towards / **to** / **into** / **out of** / **past**	the house
along / **across**	the road
after	the thieves
up / **down**	the hill
through / **round**	the trees

⚠ Beachte folgende Ausdrücke:

at the table	**am** Tisch	**in** the street	**auf** der Straße (AE auch: **on** the street)
on the wall	**an** der Wand	**in** the picture	**auf** dem Bild

A ***at/in*** **bei Städten und Dörfern:**

I live **in** London and my friend lives **in** Cardiff.
I don't think this train stops **at** York.

in: Der Ort wird als (Wohn-/Lebens-)Raum betrachtet.
at: Der Ort wird als Punkt (auf der Reiseroute) betrachtet.

with/at **bei Personen:**

Since his parents died he has been living **with** his aunt.
He always spends his summer holiday **at** his aunt**'s**.

...**bei** seiner Tante (ständig).
...**bei** seiner Tante (vorübergehend). (Zum *s*-Genitiv vgl. § 8).

into/in **bei Richtungsangaben:**

She went **into** the snackbar to have a cup of coffee.
She put lots of sugar **in** her coffee.

Bei Richtungsangaben erscheint normalerweise *into*.
Nach *put* ist jedoch *in* gebräuchlich.

Kapitel 6: Das Adjektiv
The adjective

37 Attributiver und prädikativer Gebrauch von Adjektiven
Attributive and predicative use of adjectives

Bei den meisten Adjektiven gibt es zwei Stellungsmöglichkeiten:

	Adj.	Nomen
What a	**rough**	**match!**

Das Adjektiv kann vor einem Nomen stehen (= attributiver Gebrauch).

	Verb	Adj.
This match	**is**	**rough.**

Das Adjektiv kann nach bestimmten Verben stehen, vor allem nach *be* (= prädikativer Gebrauch).

Nur prädikativ gebrauchte Adjektive

My friend is **ill.** ... ist krank.	**Aber:** The doctor examined the **sick** child. ... das kranke Kind.
The dog was **asleep** in front of the fire.	**Aber:** Let **sleeping** dogs lie.
We often went to Lincoln when Grandpa was still **alive.**	**Aber:** The characters in this book are not based in any way on **living** persons.
There's no danger. Don't be **afraid.**	**Aber: Frightened** animals sometimes attack unexpectedly.

Einige Adjektive können nur prädikativ, z. B. nach *be* verwendet werden. Dazu gehören *ill* (krank), *asleep, alive, afraid, alone, awake.*
Oft gibt es Adjektive ähnlicher Bedeutung, die attributiv gebraucht werden, also vor einem Nomen stehen können.

A	the **only** chance	die einzige Chance		
	the **late** president	der verstorbene Präsident		
	a **late** visitor	ein später Gast	George was **late.**	George kam zu spät.

Einige Adjektive können grundsätzlich nur attributiv verwendet werden (vgl. *only*), andere können in einer bestimmten Bedeutung nur attributiv verwendet werden (vgl. *late*)
Beachte auch den Bedeutungsunterschied bei *be sick* im britischen und amerikanischen Englisch:

He was **sick.** { BE: Er übergab sich.
AE: Er war krank.

§ 38 Das Adjektiv nach bestimmten Verben
Adjectives after certain verbs

be, seem, keep, remain, stay

The party ***was*** **wonderful.**
The house ***seems*** so **empty** now without you all!
Please ***keep*** **quiet.** I'd like to listen to this record.

Ein Adjektiv erscheint nach Verben, die auf einen Zustand oder eine Eigenschaft verweisen.

become, get, grow, go, turn

You'll need a coat. It's ***becoming/getting*** quite **cool** in the mornings now.
It was ***growing*** **dark** as I started home across the fields.
He ***went*** **red** when the girl spoke to him.
Don't take Foxy's bone away – she might ***turn*** **nasty.**

Diese Verben entsprechen dem deutschen *werden.* Sie verweisen auf einen zukünftigen Zustand und haben daher ebenfalls ein Adjektiv nach sich.

look, taste, smell, sound

Those peaches in the window ***look*** **nice,** don't they?
The fish and chips ***smell*** **fantastic.** Let's hope they ***taste*** **good.**
'Upside down apple pie' – that ***sounds*** **interesting.**

Wenn diese Verben das Aussehen, den Geruch, den Geschmack oder den Klang von etwas beschreiben, haben sie ein Adjektiv bei sich. (Vgl. aber die Anmerkung!)

A Die Verben *look, taste, smell, sound* können auch Tätigkeiten beschreiben und dann ein Adverb bei sich haben:

Eigenschaft: Verb + Adjektiv	**Tätigkeit: Verb + Adverb**
The soup ***tasted*** **awful.**	The cook ***tasted*** the soup **carefully.**
Die Suppe ***schmeckte*** **scheußlich.**	Der Koch ***probierte*** die Suppe **vorsichtig.**
Those little cakes ***look*** **delicious.**	She ***looked*** at the cakes **hungrily.**
... ***sehen*** **köstlich** ***aus.***	Sie ***sah*** die Törtchen **hungrig** ***an.***

§ 39 Die Steigerung des Adjektivs
The comparison of adjectives

What you can say about things or people:

		comparative	*superlative*
a day:	**cold**	**- colder**	**- coldest**
a meal:	**big**	**- bigger**	**- biggest**
a poster:	**nice**	**- nicer**	**- nicest**
coffee:	**strong** [strɒŋ]	**- stronger** ['strɒŋgə]	**- strongest** ['strɒŋgɪst]
a trick:	**simple**	**- simpler**	**- simplest**
a boy/girl:	**clever**	**- cleverer**	**- cleverest**
a road:	**narrow**	**- narrower**	**- narrowest**

1. Auf *-er/-est* werden gesteigert:

   a) alle einsilbigen Adjektive
   Beachte beim Schreiben:
   Der Endkonsonant wird nach kurzem Vokal verdoppelt.
   Das stumme End-*e* entfällt.
   Beachte beim Sprechen:
   Nach *-ng* [-ŋ] wird zusätzlich ein [g] gesprochen.

   b) zweisilbige Adjektive auf *-le, -er, -y* und *-ow.*

a joke:	**funny**	**- funnier**	**- funniest**
a picture:	**beautiful**	**- more beautiful**	**- most beautiful**
a student in an exam:	**nervous**	**- more nervous**	**- most nervous**
a film star:	**famous**	**- more famous**	**- most famous**
an idea:	**good**	**- better**	**- best**
an accident:	**bad**	**- worse**	**- worst**
visitors:	**many**	**- more**	**- most**
money:	**much**	**- more**	**- most**
work:	**little**	**- less**	**- least**

Beachte beim Schreiben:
-y wird zu *-i-*.

2. Mit *more/most* werden gesteigert:
   a) alle Adjektive mit mehr als zwei Silben
   b) die meisten zweisilbigen Adjektive, die nicht auf *-y, -le, -er, ow* enden (vgl. 1b).

3. Unregelmäßige Steigerung haben:
   good, bad sowie die Mengenangaben *many, much, little.*

⚠ *Little = klein* kann nicht gesteigert werden. Stattdessen benützt man *smaller – smallest.*

A 1 My **eldest** brother is five years **older** than my sister.

Vor Verwandtschaftsbezeichnungen werden statt der Normalformen *older/oldest* die Sonderformen *elder/eldest* verwendet. Vor *than* verwendet man aber immer die normale Komparativform *older.*

A 2 We could go to the Tower now. It's not **far** from here.
Buckingham Palace is much **further/farther** away.
Please contact the tourist office for **further** information.

Die Steigerungsformen zu *far* sind *further/furthest* oder – seltener – *farther/farthest.*
Farther wird nur im räumlichen Sinn gebraucht (‚weiter entfernt'), *further* auch im Sinn von ‚zusätzlich'.

⚠ Where is the **nearest** bus stop, please? – We must get off at the **next** stop.

Nearest bezeichnet das räumlich Nächstgelegene, *next* das Nächste in der Reihenfolge.

Beachte auch den Bedeutungsunterschied zwischen *latest* und *last:*
their latest LP (ihre letzte = neueste LP) – *their last LP* (= die letzte, die sie überhaupt aufgenommen haben).

40 Vergleiche mit Adjektiven
Comparisons with adjectives

Gleichheit und Ungleichheit werden auf folgende Weise ausgedrückt:

Gleichheit	**Ungleichheit**
□ = □ **as** big **as** **as** important **as**	□ > □ big**ger than** [ðən] **more** important **than**
New York is about **as big as** London. Sightseeing in Edinburgh can be **as exciting as** it is in London.	London buses are **bigger than** buses in New York. Living in a large modern city is **more dangerous than** living in the country.
	□ < □ **not as** big **as** (seltener: **not so** big **as**)
	Cologne is **not as big as** London. (Cologne is **not so big as** London.) Most people would agree that Birmingham is **not as interesting as** London. (... **not so ... as**...)

⚠ The new car is much faster **than** my old one.
I'll take you out for a drive. **Then** you'll see what I mean.

Than darf nicht mit *then* verwechselt werden.

A 1 Most people would agree that Birmingham is { **not as interesting as** / **less interesting than** } London.

Vergleiche mit *less...than* (weniger...als) haben etwa die gleiche Bedeutung wie Vergleiche mit *not as...as.*

A 2 **The bigger** a city is, **the more difficult** it is to find one's way around.
Je größer..., desto schwerer...

Der Ausdruck *je... desto...* wird im Englischen durch *the... the...* (jeweils mit Komparativ) wiedergegeben.

A 3 The High Street is **the busiest** street in town. ... **die belebteste** Straße ...
The High Street is **(the) busiest** between 4 and 5 p. a. ... **am belebtesten** ...

Der Superlativ wird meist mit *the* gebraucht. Er kann jedoch ohne Artikel stehen, wenn er dem deutschen *am* + Superlativ entspricht.

§ 41 Das Stützwort *one/ones* beim Adjektiv
The use of the prop word *one/ones* with adjectives

Vorher genanntes Nomen ersetzt durch *one/ones*

Which of these **pullovers** do you like best? – The red **one** with the round neck. Den roten mit dem runden Halsausschnitt.
I've had these **winter boots** for ages. I really need some new **ones.** Ich brauche wirklich neue.

Soll ein zählbares Nomen nicht wiederholt oder nicht ausdrücklich genannt werden, so wird es durch *one/ones* ersetzt. *One* ersetzt ein Nomen im Singular, *ones* ein Nomen im Plural.
Das Adjektiv kann hier nicht – wie im Deutschen – allein stehen.

'Perhaps I should have bought him a smaller one after all.'

A This **lamp**'s quite nice, but I think I prefer **the one** over there.
Look, this is **the one** I wanted to show you.
Let's decide on **this one** then. Or **which (one)** would you rather have?

Das Stützwort *one/ones* ersetzt ein zählbares Nomen auch nach *the, this, that* und *which.*
Nach *the* muß es stehen, nach *this/that* ist es üblich, und nach *which* kann es stehen.

42 Das Adjektiv als Nomen
Adjectives used as nouns

Im Gegensatz zum Deutschen können Adjektive im Englischen nur in bestimmten Fällen als Nomen benutzt werden.

Gesamtgruppe von Personen: *the* + Adjektiv	**Einzelne Personen: Adjektiv + Nomen**
The blind are usually educated at special schools. Die Blinden ... Years ago life was much more difficult for **the disabled** than it is now. ... für die Behinderten ... The BBC produce some good programmes for **the** very **young.** ...für die ganz Jungen.	**A blind man** stood at the side of the road with his guide dog. Ein Blinder ... Please don't make too much noise. Remember, there are **two sick people** in the next room. ... zwei Kranke ... **The little girl** looks very much like her mother. Die Kleine ...
Als Nomen gebrauchte Adjektive beziehen sich auf die Gesamtheit einer Gruppe von Menschen: *the blind* = die Blinden allgemein, alle Blinden. Sie werden wie Pluralformen verwendet (vgl.: *The blind **are*** ...), haben aber kein Plural-*s*.	Sind einzelne Personen gemeint, so muß das Adjektiv durch ein Nomen wie *person, man, boy, girl, woman, people* ergänzt werden. Man kann nicht wie im Deutschen das Adjektiv für sich allein verwenden.

A 1 There are a few **blacks** in our area, but they don't mix much with **the whites.**

Einige wenige Adjektive können als echte Nomen verwendet werden und haben eine Pluralform auf -*s*.

A 2 The popular papers give a lot of emphasis to **the sensational.** — ... betonen sehr das Sensationelle.
The good thing about our evening paper is that it gives all the local news. — Das Gute an unserer Abendzeitung ist, ...

The + Adjektiv kann auch zum Ausdruck eines allgemeinen abstrakten Begriffs verwendet werden.
Wenn jedoch ein bestimmter Fall gemeint ist (hier: *our evening paper*), dann muß das Adjektiv durch ein Nomen wie *thing* ergänzt werden.

43 Adjektive und Nomen als Nationalitätsbezeichnungen
Adjectives and nouns expressing nationality

country	**adjective**	**individuals**	**the people**
America	an **American** car	an American	the Americans
Canada	a **Canadian** firm	a Canadian	the Canadians
Germany	a **German** stamp	a German	the Germans
Japan	a **Japanese** camera	a Japanese	the Japanese
China	a **Chinese** restaurant	a Chinese	the Chinese
Portugal	a **Portuguese** ship	a Portuguese	the Portuguese
England	an **English** pub	an Englishman/ an Englishwoman	the English
France	a **French** film	a Frenchman/ a Frenchwoman	the French
Spain	a **Spanish** dance	a Spaniard	the Spanish/ the Spaniards
Ireland	an **Irish** folksong	an Irishman/-woman	the Irish
Britain	a **British** plane	a Briton	the British

Verwendung:

1. Adjektive auf -*an* oder -*ian* werden wie normale Nomen mit Plural-*s* gebraucht.
2. Nationalitätsbezeichnungen auf -*ese* haben im Plural nie ein -*s*.
3. Adjektive auf -*ish* und -*ch* werden nur zur Bezeichnung des ganzen Volkes verwendet, und zwar mit Artikel, aber ohne Plural-*s*. Für Einzelpersonen werden Zusammensetzungen mit -*man*/-*woman* oder besondere Nomen verwendet.

⚠ Beachte die Schreibung:

(in) **Britain** ['brɪtn] (in) Großbritannien (a) **Briton** ['brɪtn] (ein) Brite/(eine) Britin

Kapitel 7: Adverbien und adverbiale Bestimmungen
Adverbs and adverbial phrases

§ 44 Adverb und Adjektiv
Adverbs and adjectives

Im Deutschen haben Adverbien und Adjektive oft die gleiche Form (vgl.: *sie ist **vorsichtig*** – Adjektiv; *sie fährt **vorsichtig*** – Adverb). Im Englischen verwendet man dagegen verschiedene Formen:

Adjektiv	**Adverb mit der Endung *-ly***
She is a **careful** driver. – She is very **careful.**	She drives **carefully**.
Das Adjektiv gibt an, wie eine Person oder Sache **ist**. Es steht vor einem Nomen oder nach dem Verb *be* (prädikativer Gebrauch; vgl. § 37).	Das Adverb gehört hier zum Verb. Es gibt an, wie eine Tätigkeit **ausgeführt wird**.

'I thought it braked automatically.'

§ 45 Die Formen des Adverbs
The forms of the adverb

Adjektiv	**Adverb**	
It was a **bad** accident.	Several people were **badly** injured.	**1. *-ly*-Adverbien** Die meisten Adverbien werden aus Adjektiven gebildet, indem man *-ly* hinzufügt. Beachte dabei:
The bus driver was **angry**.	He shouted at us **angrily**.	– *-y* wird zu *-ily* (Ausnahme: *shyly*).
I've had a **terrible** day.	I'm **terribly** tired.	– Die Adjektivendung *-le* nach Konsonant entfällt.
Dick told me the **whole** story. I shouldn't have got so angry, that's **true.**	It wasn't **wholly** his fault. I'm **truly** sorry about what happened.	– Das stumme End-*e* entfällt bei *whole/wholly* und bei *true/truly*,
Harry is sometimes very **rude.**	He spoke to me very **rudely** when I offered to help.	sonst bleibt es erhalten.
It was an **automatic** reaction.	He braked **automatically** when he saw the lorry on the wrong side of the road.	– *-ic* wird zu *-ically*.
⚠ The police did a **good** job.	They did their job **well.**	Die Adverbform zum Adjektiv *good* ist *well*.

Adjektiv	Adverb
It's a **fast** train. We had a very **long** journey. Sports cars always have **low** seats. Do you get a **daily** paper? We'll take the **early** train.	It travels very **fast.** The crossing didn't take **long.** That plane is flying very **low.** Our milk is delivered **daily.** We'll have to get up **early** to catch the train.

Please sign the form **here** and put it in that envelope **there.**
Hasn't there been any post **today?** – No, but I expect the postman will be coming **soon.**
I **often** used to get letters from Carol, but I **never** hear from her **now.**

2. Adverbien mit gleicher Form wie Adjektive
Dazu gehören
– einige einsilbige Adverbien wie *fast, long, low;*

– Häufigkeitsadverbien wie *daily, weekly, monthly, yearly* und das Zeitadverb *early.*

3. Adverbien, die nicht von Adjektiven abgeleitet sind
Zu diesen ‚ursprünglichen Adverbien' gehören vor allem die Ortsadverbien *here* und *there*, Zeitadverbien wie *today, now, then, still, soon, yet* und Häufigkeitsadverbien wie *often, sometimes, never.*

A Peter is such a **friendly** person. He smiled at me yesterday **in a very friendly way.**
It was a **difficult** climb. We only managed to get to the top **with great difficulty.**

Zu bestimmten Adjektiven, z.B. *friendly, difficult* kann man keine Adverbien bilden.
Man benützt statt dessen Umschreibungen.

46 Doppelformen mit unterschiedlicher Bedeutung
Double forms with different meanings

You've been practising very **hard** for Sports Day. – Yes, but I **hardly** think I'll have a chance against Paul in the 100 metres.	Du hast **hart** ... trainiert. ... ich glaube **kaum,** ...
Sue is good at tennis, I know, but she doesn't always play **fair.** She **fairly** often says balls were out when they were on the line.	..., aber sie spielt nicht immer **fair.** Sie sagt **ziemlich** oft, ...
I've **just** read that Smith has been dropped from the basketball team. In my opinion the decision was **justly** made.	Ich habe **gerade** gelesen, ... wurde die Entscheidung **zu Recht** getroffen.
You got back from the club very **late** again yesterday. Don't you think you've been spending rather too much time up there **lately?**	... sehr **spät** ... ... **in letzter Zeit** ...
Steve is **pretty** good at drawing and painting. Look how **prettily** he's done these Christmas cards.	... **ziemlich** gut ... ... wie **hübsch** ...

A Beachte den Unterschied:

My father is not **well.**	Mein Vater ist nicht **gesund**. (Meinem Vater geht es nicht **gut.**)
He doesn't sleep **well.**	Er schläft nicht **gut**.

§ 47 Das Adverb: Steigerung und Vergleich
Adverbs in comparisons

1. Die Bildung von Komparativ und Superlativ

Adverbien steigert man wie Adjektive auf drei unterschiedliche Arten (vgl. § 39):

How you can do things:

		comparative	*superlative*
work:	**hard**	**harder**	**hardest**
take notes:	**fast**	**faster**	**fastest**
speak:	**clearly**	**more clearly**	**most clearly**
look after your books:	**carefully**	**more carefully**	**most carefully**
use a dictionary:	**often**	**more often**	**most often**
speak a language:	**well**	**better**	**best**
write:	**badly**	**worse**	**worst**
talk:	**little**	**less**	**least**
enjoy reading:	very **much**	**more**	**most**

1. Auf *-er/-est* gesteigert werden einsilbige Adverbien.

2. Auf *more/most* gesteigert werden:
   a) Adverbien auf *-ly* (Ausnahme: *early – earlier – earliest*)
   b) andere mehrsilbige Adverbien

3. Unregelmäßige Steigerung haben: *well, badly, little, much*

2. Das Adverb in Vergleichen

Sally has only just passed her driving test,	
but she drives **as well as** Dad now.	... so gut wie ...
She certainly drives **faster than** Mum.	... schneller als ...
The InterCity gets to London **more quickly than** the other trains.	... schneller als ...
The buses here **don't** run **as regularly as** I thought.	... nicht so regelmäßig, wie ...

In Vergleichssätzen mit Adverbien werden dieselben Konstruktionen benutzt wie beim Adjektiv (vgl. § 40).

A Did your mother cut your hair herself?
I must say, she's done it **most professionally**. ... sehr professionell ...

Most kann auch die Bedeutung ‚sehr/äußerst/höchst' haben.

'The buses here don't run as regularly as I thought.'

48 Adverbien der Art und Weise
Adverbs of manner

Adverbien der Art und Weise beschreiben, wie eine Handlung durchgeführt wird. Zu ihnen gehören die meisten *-ly*-Adverbien (vgl. § 44 – 45), außerdem einige endungslose Adverbien wie *fast* und *well*.

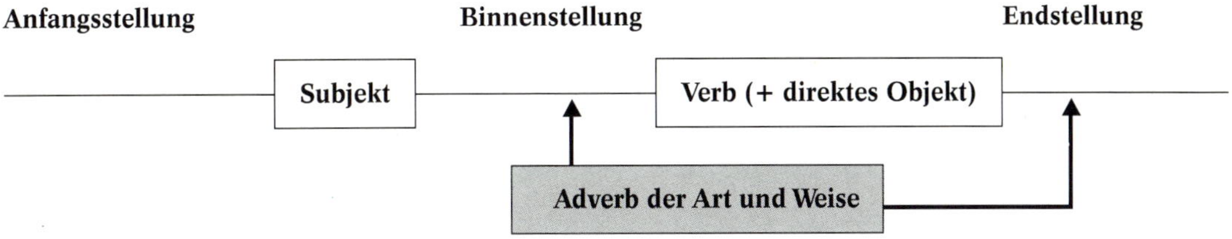

Sarah		changes her mind	**quickly.**
Sarah	**quickly**	changes her mind.	

Adverbien der Art und Weise haben im Satz meist Endstellung oder Binnenstellung.

Endstellung: nach dem Verb (+ direktem Objekt)

Emma *talks* **quietly.**
We all *listened* **carefully.**
I thought Mark *read the poem* **beautifully.**
He *acted his part* **well,** didn't he?

Das Adverb der Art und Weise steht direkt nach Verben ohne Objekt.
Hat das Verb ein direktes Objekt, so folgt das Adverb erst nach diesem Objekt.

Binnenstellung: vor dem Vollverb

Nancy **slowly** *began* to realize the truth.
Now she *could* **easily** *imagine* why they hadn't given her the job.
She *hadn't been* **fully** *accepted* as a candidate because she was black.

Das Adverb der Art und Weise kann auch vor dem Vollverb stehen, wenn es weniger wichtig ist als der Rest des Satzes.

⚠ Vergleiche:

Er	nahm	schnell	das Geld.
He	quickly	took	the money.

Im Gegensatz zum Deutschen kann das Adverb der Art und Weise nie zwischen Verb und direktem Objekt stehen.

49 Gradadverbien
Adverbs of degree

Gradadverbien werden verwendet, um ein anderes Wort zu verstärken oder abzuschwächen. Zu ihnen gehören *-ly*-Adverbien wie *terribly, extremely,* aber auch endungslose Formen wie *very, pretty* (ziemlich), *much* und *quite*.

Stellung: vor dem zugehörigen Adjektiv, Adverb oder Verb

That was a **very** *good* idea. **Extremely** *clever,* in fact.	... eine sehr gute Idee. Außerordentlich klug ...
He got the answer **pretty** *quickly.*	... ziemlich schnell.
I **much** *prefer* maths to physics.	Ich mache viel lieber Mathe als Physik.
I **quite** *agree* with you.	Ich bin ganz deiner Meinung.

A He simply isn't *good* **enough** for the first team. — Er ist einfach nicht gut genug ...
He hasn't got **enough** *experience.* — Er hat nicht genug Erfahrung.

Wie das deutsche *genug* wird *enough* als Adverb nachgestellt. Als Mengenangabe beim Nomen wird es jedoch vorangestellt.

§ 50 Adverbien der unbestimmten Zeit und Häufigkeit
Adverbs of indefinite time and frequency

Zu den Adverbien der unbestimmten Zeit und Häufigkeit gehören *soon, never, sometimes, often, usually, mostly, always.*

Anfangsstellung	**Subjekt**	**Binnenstellung**	**Verb (+ direktes Objekt)**	**Endstellung**
	We	**always**	save old newspapers.	

↑ **Adverb der *unbestimmten* Zeit und Häufigkeit** (Binnenstellung: zwischen Subjekt und Verb)

Adverbien der unbestimmten Zeit und Häufigkeit haben meist Binnenstellung.

Stellung in Sätzen mit einfachem Vollverb

People **often** *throw* their rubbish into the river here. — ... werfen ... oft ...
The water **never** *looks* very clean. — ... sieht nie sehr sauber aus.
Aber: The ducks *are* **usually** over there by the bridge. — ... sind gewöhnlich ...

Enthält der Satz nur ein Vollverb, so steht das Adverb davor.
Ausnahme: Wenn das Vollverb *be* ist, steht das Adverb dahinter (vgl. Beispiel 3).

Stellung in Sätzen mit Hilfsverben

There *has* **always** *been* a lot of traffic on this road.
The new housing estate *should* **never** *have been built* so near the motorway.

Enthält der Satz ein Hilfsverb, so steht das Adverb dahinter.
Enthält der Satz mehrere Hilfsverben, so steht das Adverb nach dem ersten Hilfsverb.

A 1 **Sometimes** we leave the heating on at night. — We leave the heating on at night **sometimes.**
Soon alternative forms of energy will have to be found. — Alternative forms of energy will have to be found **soon.**

Einige Adverbien der unbestimmten Zeit und Häufigkeit können auch am Satzanfang oder am Satzende verwendet werden, z.B. *soon, sometimes.*

A 2 **Hardly** had we moved into the house when we heard about the plans for the new airport. Kaum waren wir ...
Never (in my life) have I seen such an ugly building. Noch nie (im Leben) habe ich ...

Im gehobenen Stil erscheint gelegentlich auch ein negatives oder einschränkendes Adverb der unbestimmten Zeit oder Häufigkeit *(hardly, never)* am Satzanfang. Dann wird die Reihenfolge von Hilfsverb und Subjekt umgekehrt (Inversion). (Vgl. § 149.)

51 Adverbien der bestimmten Zeit und Häufigkeit
Adverbs of definite time and frequency

Zu den Adverbien der bestimmten Zeit gehören *today, tomorrow, yesterday* usw.
Zu den Adverbien der bestimmten Häufigkeit gehören *daily, weekly, monthly, once, twice* usw.

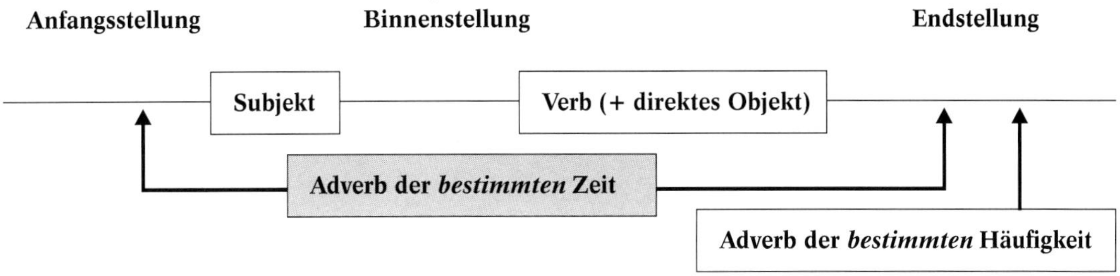

	We	watched a very interesting match	**yesterday.**
Yesterday	we	watched a very interesting match.	
	They	have won the World Cup	**twice.**

Adverbien der bestimmten Zeit verwendet man in Anfangs- und Endstellungen, Adverbien der bestimmten Häufigkeit stehen nur in Endstellung. Beide Arten von Adverbien erscheinen nicht in Binnenstellung.

Bestimmte Zeit und Häufigkeit werden oft auch durch Wortgruppen (zusammengesetzte adverbiale Bestimmungen) wie *last week, every day* angegeben. Auch diese erscheinen in End- oder Anfangsstellung, aber nie in Binnenstellung (vgl. § 54).

52 Ortsadverbien
Adverbs of place

Die gebräuchlichsten Ortsadverbien sind *here, there, upstairs, downstairs, inside, outside, somewhere, anywhere, everywhere.*

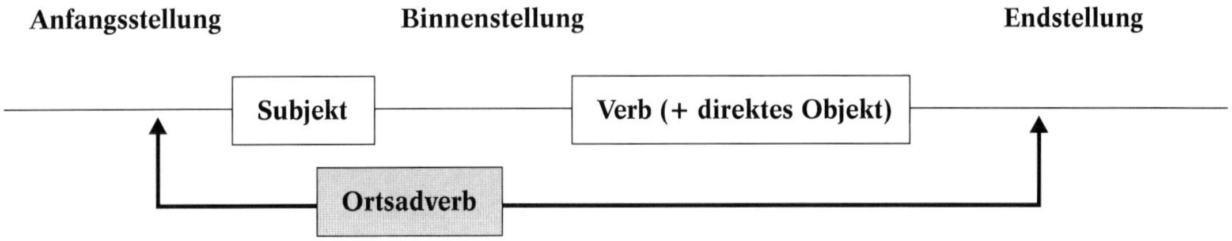

	They	sell sports equipment	**upstairs.**
Upstairs	they	sell sports equipment.	

Ortsadverbien stehen meist in Endstellung, gelegentlich auch in Anfangsstellung, aber nie in Binnenstellung.

Ortsangaben bestehen meistens aus Wortgruppen wie *in London, at the station* usw. Auch diese haben End- oder Anfangsstellung, aber nie Binnenstellung (vgl. § 54).

§ 53 Kommentierende Adverbien
Adverbs of comment

Kommentierende Adverbien drücken aus, was der Sprecher über den Inhalt des Satzes denkt. Zu ihnen gehören *luckily, (un)fortunately, of course, obviously.*

Anfangsstellung **Binnenstellung** **Endstellung**

Subjekt **Verb (+ direktes Objekt)**

Kommentierendes Adverb

Unfortunately	Susan and I	missed the early ferry.
Of course,	we	were able to take the later one.
Luckily	we	didn't have a rough crossing.

Kommentierende Adverbien stehen meistens am Satzanfang.

'Luckily I didn't book first class.'

A 1 Let's have lunch on the boat. Or we could go to a restaurant in Dover, **of course.**

Einige kommentierende Adverbien, vor allem *of course,* können auch - sozusagen als Nachgedanke – am Satzende stehen.

A 2 The Dover Strait is the busiest shipping lane in the world. **Yet** one hears of surprisingly few accidents.

Auch satzverknüpfende Adverbien wie *yet, however, so* stehen meist am Satzanfang. Vgl. hierzu § 145.

54 Zusammengesetzte adverbiale Bestimmungen
Adverbial phrases

Wortgruppen wie *in London, last night, by car* sind zusammengesetzte adverbiale Bestimmungen. Sie erfüllen die gleichen Aufgaben wie Adverbien. Meist handelt es sich dabei um Angaben des Orts, der bestimmten Zeit und Häufigkeit oder des Mittels.

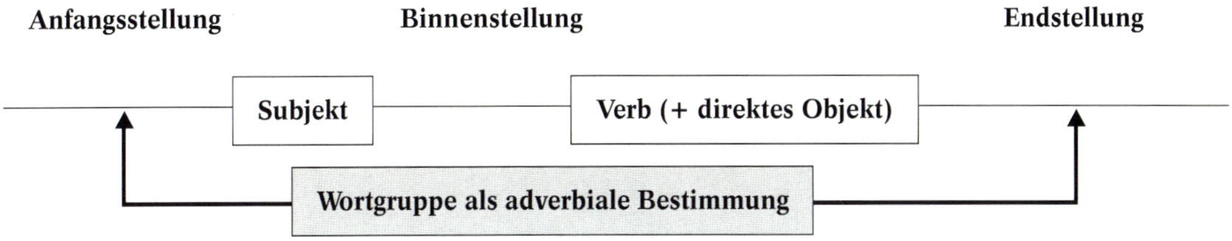

	My parents	bought a new car	**last year.**
Last year	my parents	bought a new car.	

I took my driving test **in Bristol.**
We made the whole journey **by coach.**
A few weeks ago my brother had a very bad accident **on the M25.**
Every weekend the trains to the Southwest are so crowded.

Zusammengesetzte adverbiale Bestimmungen haben meist Endstellung.
Vor allem Zeit- und Häufigkeitsangaben erscheinen aber auch in Anfangsstellung.
Zusammengesetzte adverbiale Bestimmungen kommen nicht in Binnenstellung vor.

55 Die Reihenfolge verschiedener adverbialer Bestimmungen am Satzende
The order of different adverbials at the end of a sentence

Am Satzende folgen häufig mehrere Adverbien und zusammengesetzte adverbiale Bestimmungen aufeinander.

Normale Reihenfolge: Art und Weise – Ort – Zeit

That new band played **well at the rock concert.**	**Art und Weise – Ort**
We left the cinema **quickly at the end of the film.**	**Art und Weise – Zeit**
Elvis Presley first made rock popular **in America in the 1950s.**	**Ort – Zeit**
The gospel choir sang **beautifully at our church last Sunday.**	**Art und Weise – Ort – Zeit**

A He went **to London by car yesterday morning.** **Ort – Mittel – Zeit**

Adverbiale Bestimmungen des Mittels wie *by car* werden normalerweise zwischen Orts- und Zeitangaben eingeschoben.

Genauere Zeitangabe vor allgemeinerer Zeitangabe

I have to leave for school **at eight on weekdays**, but I stay in bed **until ten o'clock on Sundays.**

Kapitel 8: Die Zeitformen des Verbs
The tenses of the verb

§ 56 *Simple* und *progressive form:* Grundprinzipien der Verwendung
The use of the simple and progressive forms: basic principles

simple form:

Mr Brown **works** as a reporter for the 'Gazette'.
Herr Brown **arbeitet** (beruflich)...

progressive form:

Mr Brown **is working** on an article about comprehensive schools.
Herr Brown **arbeitet** (gerade)...

progressive form

Anfang unbestimmt → Handlung im Ablauf → nicht abgeschlossen

Im Englischen gibt es zu jeder Zeitform eine *simple form* und eine *progressive form* (z. B. *he works: present tense, simple form* und *he is working: present tense, progressive form*).
Die *simple form* ist bei allen Verben möglich. Die *progressive form* ist dagegen nur bei Verben möglich, die einen Ablauf beschreiben können.

simple form	*progressive form*	Die *progressive form* ist möglich:
My brother **reads** a lot of science fiction stories. I **walked** all the way home from school yesterday. After a long day's work everybody **gets** tired.	He **is reading** a book by Asimov at the moment. While I **was walking** home, it started to rain. Let's have a rest; **I'm getting** tired.	– bei Verben wie *read, walk, eat, work* usw. (Tätigkeitsverben). Diese bilden die größte Gruppe der Verben. – bei Verben wie *become, grow, get* (= werden) (Vorgangsverben).
Have you **noticed** that Lucy is wearing your shoes? I **don't see** my anorak anywhere. Do you **know** where it is? I **like** your new pullover. I **wish** I had one like it. That jacket **isn't** mine. It **belongs** to Barbara. Mum's new dress **looks** nice, doesn't it?		Die *progressive form* ist normalerweise nicht möglich: – bei *notice, see, hear, feel* (Verben der Sinneswahrnehmung) – bei *know, believe, think, like, want, wish* und anderen Verben, die Wissen, Meinungen, Gefühle oder Wünsche ausdrücken – bei *be, have, contain* (enthalten), *possess* (besitzen), *belong* und anderen Verben, die einen Zustand, Besitz oder Zugehörigkeit ausdrücken, außerdem bei *seem* (scheinen), *mean* (bedeuten), *sound* (klingen), *smell* (riechen) und *look* (aussehen).

A 1 Verben, bei denen die *progressive form* möglich ist, nennt man auch *dynamic verbs* [daɪˈnæmɪk].
Verben, bei denen die *progressive form* nicht möglich ist, nennt man auch *stative verbs* [ˈstætɪv].

A 2 Wenn Verben wie *be, think* und *have* die Bedeutung eines Tätigkeitsverbs haben, können sie auch in der *progressive form* erscheinen. Beachte dabei den Bedeutungsunterschied:

You **are** in a bad mood today. Du bist heute schlecht gelaunt.	You **are being** sarcastic. Du bist/verhältst dich ...
I **think** they live in Glasgow. Ich glaube/Ich bin der Meinung ...	We**'re thinking** of moving to Cambridge. Wir überlegen, ob ...
The house **has** two bathrooms. ... hat/verfügt über ...	Sarah **is having** a bath. ... badet/nimmt ein Bad.

57 Das *present tense: simple* und *progressive form*
The present tense: simple and progressive forms

1. Formen

simple present

I **like** tea. We **like** eggs.
You **like** coffee. You **like** brown bread.
He/She/It **likes** milk. They **like** chocolate.

Die 3. Person Singular wird auf *-s* gebildet, alle anderen Formen entsprechen dem Infinitiv.

She **speaks** [-s] English.
It often **rains** [-z] in Ireland.
He never **watches** [-ɪz] football.

Mr Brown often **flies** to London.

Beachte bei der *-s*-Endung:
- Sie wird nach stimmlosem Laut [s] gesprochen, sonst [z].
- Nach einem Zischlaut wird *-es* [ɪz] angefügt *(watch – watches; freeze – freezes).*
- Schreibung: *-y* nach Konsonant wird zu *-ies (fly – flies; hurry – hurries).*

⚠ Dad **does** [dʌz] the shopping.
He **goes** [gəʊz] into town by bus.
Mum **says** [sez] she needs the car.

Beachte die Sonderformen *does* [dʌz], *goes* [gəʊz] und *says* (unregelmäßige Aussprache [sez]).

present progressive

I **am working.** We **are working.**
You **are working.** You **are working.**
He/She/It **is working.** They **are working.**

Das *present progressive* setzt sich zusammen aus *am/are/is* und dem *present participle* (*-ing*-Form).

We **are sitting** in the garden.
The dog **is running** after the cat.

The sun **is shining.**
Grandpa **is taking** the dog for a walk.
The others **are lying** on the beach.

Beachte beim Anfügen der *-ing*-Endung:
- Der Endkonsonant wird verdoppelt nach kurzem, betontem Vokal *(sit – sitting; run – running).*
- Stummes End-*e* entfällt *(shine – shining; take – taking).*
- *-ie* wird zu *-y- (lie – lying; die – dying).*

2. Die Verwendung des *simple present*

Simple present für allgemeingültige Tatsachen

Dry wood **burns** well.
Water **doesn't run** uphill.
The M5 **joins** the M4 at Bristol.
Holly **grows** wild in most parts of Britain.
Lots of people in Wales **speak** Welsh.

Das *simple present* beschreibt Tatsachen, die nicht nur im Augenblick des Sprechens, sondern allgemein gültig sind, z. B. Naturgesetze, typische Eigenschaften und Fähigkeiten.

Simple present für Gewohnheiten

My sister **takes** the dog out *every morning*.
I *always* **cycle** to work.
David *sometimes* **mows** Mrs Johnson's lawn for her.
My parents *never* **go** into London by car.

Wenn man beschreiben will, daß jemand etwas regelmäßig, häufig, selten oder auch nie tut, dann gebraucht man das *simple present.* Solche Sätze enthalten oft Häufigkeitsangaben wie *every morning, always, often, sometimes, never.*

Simple present für Handlungsfolgen

...Brown **gets** the ball, **passes** it to Coker – and ... it's a goal!
In 'Robinson Crusoe', Defoe **describes** how Crusoe **builds** himself a house on the desert island, **makes** a boat, and **meets** the native whom he later **names** Friday.

Das *simple present* verwendet man auch für Handlungsfolgen, z. B. in Sportberichten und an spannenden Stellen von Erzählungen, aber auch in Inhaltsangaben *(summaries).*

A Auch in Stellungnahmen zu Texten *(comments)* wird das *simple present* verwendet.

Dad is watching the boat race.

3. Die Verwendung des *present progressive*

Present progressive für gerade ablaufende Handlungen

Dad **is watching** the boat race on TV at the moment.
Right now they**'re going** under Hammersmith Bridge, and the Oxford crew **are leading.** But the Cambridge boat **is following** close behind.

Das *present progressive* wird normalerweise nur bei Tätigkeits- und Vorgangsverben gebraucht (vgl. § 56).
Man verwendet es, um Handlungen zu beschreiben, die im Augenblick des Sprechens gerade ablaufen und noch nicht abgeschlossen sind.
Typische Zeitangaben sind *at the moment, right now* usw.

Present progressive für Handlungen, die ‚zur Zeit' ablaufen

Our local football team **is playing** very well this season.
My uncle **is writing** a book about golf.
I'm doing a lot of jogging these days.

Das *present progressive* wird auch für Handlungen verwendet, die in einem größeren gegenwärtigen Zeitraum ablaufen (*this week, this season* usw.) und als vorübergehend empfunden werden. Die Handlung kann sogar im Augenblick des Sprechens gerade unterbrochen sein, wird aber später wieder aufgenommen werden.

A You**'re always talking** about getting a new job, but you never do anything about it.
She**'s continually telling** me what to do.

Häufigkeitsangaben wie *always* und *continually* werden gelegentlich auch mit der *progressive form* verbunden, wenn der Sprecher ein Gefühl wie z. B. Verärgerung ausdrücken will.
Will er dagegen eine sachliche Angabe zur Häufigkeit machen, so benutzt er die *simple form.* (Vgl. Abschnitt 2, ‚*Simple present* für Gewohnheiten'.)

58 Das *present perfect: simple* und *progressive form*
The present perfect: simple and progressive forms

1. Formen

simple present perfect					
I	**have**	**arrived.**	We	**have**	**arrived.**
You	**have**	**arrived.**	You	**have**	**arrived.**
He/She/It	**has**	**arrived.**	They	**have**	**arrived.**
He	**has**	**gone.**	They	**have**	**come.**

Das *simple present perfect* wird gebildet aus *have/has + past participle.*
Beim *past participle* unterscheidet man
- regelmäßige Formen auf *-ed* (für Schreibung und Aussprache gelten die gleichen Regeln wie für die *past-tense*-Formen auf *-ed*, vgl. § 60.1)
- unregelmäßige Formen (vgl. Anhang 1).

present perfect progressive			
I/You	**have**	**been**	**waiting.**
He/She	**has**	**been**	**sleeping.**
It	**has**	**been**	**raining.**
We/You/They	**have**	**been**	**watching** TV.

Das *present perfect progressive* setzt sich zusammen aus
have/has + been + present participle (*-ing*-Form).
(Zur Schreibung des *present participle* vgl. § 57.1 unter *present progressive.*)

2. Die Verwendung des *simple present perfect*

Wirkung/Ergebnis betont
Clare **has hurt** her foot badly. Dad's at the hospital with her now.
Dr Benson **has gone** to London. I'm afraid you can't see him this week.
Don't touch those hot plates – **I've *just* taken** them out of the oven.
We **haven't received** the results of the blood tests ***yet,*** Mrs Taylor.
I've *never* taken sleeping pills.
Have you **had** your medicine ***yet,*** David?
Have you ***ever* been** to this hospital for treatment before?

Das *simple present perfect* wird verwendet, wenn die Wirkung einer vergangenen Handlung auf die Gegenwart beschrieben werden soll.
Dies gilt auch
- für Handlungen, die gerade erst abgeschlossen wurden (Sätze mit *just*)
- für Dinge, die noch nicht geschehen sind (Sätze mit *not ... yet* und *never*)
- um zu fragen, ob etwas bis jetzt schon oder schon einmal geschehen ist (Fragesätze mit *yet* und *ever*).

Zustand dauert bis in die Gegenwart

Rachel is one of my oldest friends. **I've known** her for years. Ich kenne sie schon seit Jahren.
This is Miss Marks, our new assistant.
She**'s** only **been** here since September.
Sie ist erst seit September hier.
I don't know what's the matter with me.
I've felt tired all day.
Ich fühle mich schon den ganzen Tag müde.

Bei Verben, die keine *progressive form* zulassen (vgl. § 56), kann das *present perfect* auch ausdrücken, daß ein Zustand in der Vergangenheit begann und bis in die Gegenwart andauert. Solche Sätze enthalten stets Angaben der Zeitdauer wie *since ..., for ..., all day long* usw. (Im Deutschen steht häufig das Präsens in Verbindung mit *schon.*)

3. Die Verwendung des *present perfect progressive*

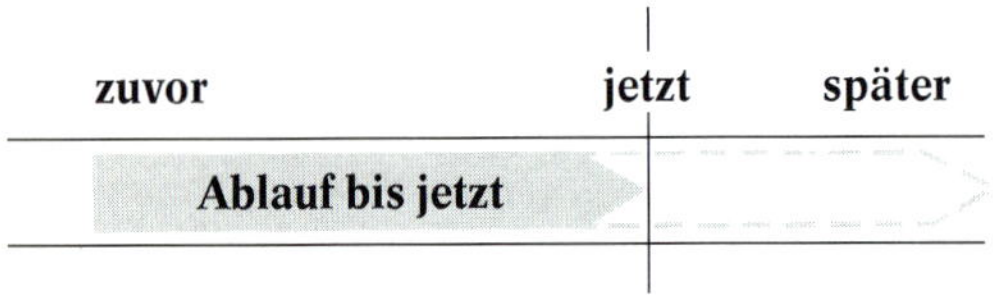

***Present perfect progressive:* Handlung dauert bis in die Gegenwart**

Switch the light off now. You**'ve been reading** ***for ages.*** ... Du liest schon ewig.
Dad **has been working** in the garden ***since lunch,*** and he's still busy. ... arbeitet schon seit ...
It**'s been raining** ***all day.*** I don't think it'll stop now. Es regnet schon den ganzen Tag.
Hurry up! We**'ve been waiting.**
Beeil dich! Wir warten schon.

Das *present perfect progressive* ist in der Regel nur bei Tätigkeits- und Vorgangsverben möglich (vgl. § 56). Besonders häufig ist es bei Verben wie *lie, sit, stand, wait, rain, shine* und *snow.*
Es drückt aus, daß eine Handlung bis jetzt angedauert hat (und noch weiter andauern kann). Gleichzeitig betont es den Ablauf der Handlung. Dabei wird meistens eine Zeitangabe wie *since ..., for ..., all day* usw. verwendet.
Im Deutschen benutzt man statt dessen oft das Präsens mit *schon.*

'Let's have a rest here. We've been travelling all day.'

A Dr Clarke and Dr Adkin { **have been working** / **have worked** } together for many years.

Bei Tätigkeits- und Vorgangsverben kann für Handlungen, die bis in die Gegenwart reichen, gelegentlich ebenfalls das *simple present perfect* verwendet werden. Bevorzugt wird hier jedoch die *progressive form.*

59 Die Verwendung von *since* und *for* beim *present perfect*
The use of *since* and *for* with the present perfect

since two o'clock
seit 2 Uhr } Zeit**punkt** des Beginns

for two hours
seit 2 Stunden } Zeit**spanne**

My brother has been working for British Rail **since 1986.** ... seit 1986 ...
I've been trying to get a new job **since March.**
The boss has been away **since Monday.**
Jane has been living in London **since she started work at the BBC.**

Ausdrücke mit *since* bezeichnen den Zeit**punkt,** an dem eine Handlung begonnen hat.
Auf *since* folgen deshalb oft Angaben wie Uhrzeit, Datum, Wochentag, Monat, Jahr usw. (*since two o'clock, since 12th May, since Monday, since March, since 1986* usw.)
Since kann aber auch einen Nebensatz einleiten (vgl. Beispiel 4).

Dad hasn't taken a holiday **for two years.**
... seit zwei Jahren/schon zwei Jahre lang ...
Mike must be crazy. He's been sitting in front of that computer **for five hours** now.
You ought to buy your own pocket calculator. You've been using mine **for ages.**

Ausdrücke mit *for* bezeichnen den Zeit**raum,** den eine Handlung bereits andauert.
For wird deshalb in Ausdrücken wie *for two hours, for four days, for a few weeks* usw. gebraucht.
Die Zeitangaben können aber auch unbestimmt sein, z. B. *for weeks* (schon seit Wochen), *for ages* (schon ewig) usw.
For kann man auch durch *lang* übersetzen: *zwei Jahre lang, fünf Stunden lang* usw.

A I wasn't surprised to hear the news. I **had been expecting** it **for some time.** ...schon eine ganze Zeit lang ...
When I was a child, we **lived** in Munich **for about two years.** ... zwei Jahre lang ...
I'll be away **for at least two weeks.** ... mindestens zwei Wochen lang ...

Zeitangaben mit *for* ... treten nicht nur in *present-perfect*-Sätzen, sondern auch bei anderen Zeitformen auf.
Zu *for* ... und *since* ... beim *past perfect* vgl. § 62.2 (S. 63 oben).

§ 60 Das *past tense: simple* und *progressive form*

The past tense: simple and progressive forms

1. Formen

simple past

I/You/He/She/It/We/You/They { **arrived** early. / **came** early.

Beim *simple past* unterscheidet man regelmäßige und unregelmäßige Formen.

We **listened**	[-d]	to the radio.
They **liked**	[-t]	the concert.
It **ended**	[-ɪd]	at midnight.
She **cried**		at the end of the film.
He **stopped**		the video recorder.

Die regelmäßigen Formen werden auf *-ed* gebildet.
Aussprache: [d] nach stimmhaftem Laut
[t] nach stimmlosem Laut
[ɪd] nach [t] und [d]
Schreibung: – *-y* nach Konsonant wird zu *-ie-*
– der Endkonsonant wird nach kurzem betontem Vokal verdoppelt
Zu den unregelmäßigen Formen vgl. Anhang 1.

past progressive

I	**was**	**walking**	home.
You	**were**	**driving**	past.
He/She/It	**was**	**moving**	fast.
We/You/They	**were**	**waiting**	for the bus.

Das *past progressive* wird gebildet aus *was/were + present participle.*
Zur Schreibung des *present participle* vgl. § 57.1.

2. Die Verwendung des *simple past*

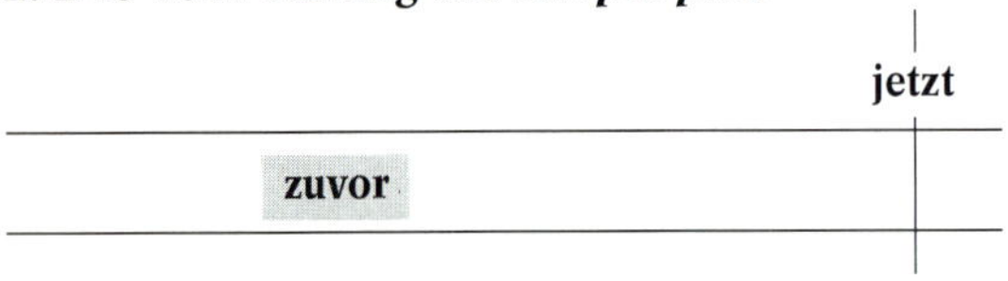

Simple past für vergangene Ereignisse und Zustände

We **went** to the theatre twice when we were in London *last week.*
Shakespeare **wrote** 'Romeo and Juliet' *some time in the 1590s.* He **died** *in 1616.*
When **did** you first **see** 'West Side Story'?
– I think it **was** *about three years ago.*

Das *simple past* ist die übliche Zeitform für Handlungen und Zustände, die als abgeschlossen betrachtet werden.
Der Zeitpunkt oder Zeitraum der Handlung wird häufig durch Zeitangaben wie *yesterday, last week, three years ago, in 1960* usw. genannt.

Auch in Fragesätzen mit *when* sowie in Antworten dazu verwendet man das *simple past.*

Simple past für Handlungsfolgen

A gang of youths **appeared** at the corner. Sally **began** to walk away, but when they **saw** her, they **shouted,** and a moment later she **heard** the sound of running feet behind her.
The film **was** so silly that I **switched** off the TV set, **went** to bed and **read** my book for an hour.

Das *simple past* wird auch benutzt, um vergangene Handlungsfolgen wiederzugeben.
Es ist deshalb die typische Zeitform für Erzählungen und Berichte über vergangene Ereignisse.

3. Die Verwendung des *past progressive*

zuvor	jetzt
Gerade ablaufende Handlung: *past progressive*	
↑ Neues Ereignis: *simple past*	

Past progressive für Hintergrundhandlungen	
We **were sitting** out in the garden when the thunderstorm *started.* Wir saßen gerade draußen im Garten, als ... While we **were taking** the chairs inside, the first drops of rain *fell.* Während wir gerade die Stühle hereinbrachten, ... Two children **were running** across the road in front of the school. The bus only just *stopped* in time.	Unter Hintergrundhandlung versteht man einen Vorgang, der gerade im Gang und noch nicht zu Ende war, als sich etwas Neues ereignete. Die Hintergrundhandlung steht im *past progressive,* das neue Ereignis im *simple past.* Hintergrundhandlung und neue Handlung werden oft durch ein Gefüge aus Hauptsatz und Nebensatz mit *when* oder *while* beschrieben.
***Past progressive* für gleichzeitig ablaufende Handlungen**	
The baby **was crying** all the time while I **was talking** on the phone. There was a terrific noise in the house – the two dogs **were barking,** the children **were screaming,** and Peter **was shouting** at them all to be quiet.	Soll betont werden, daß mehrere Handlungen gleichzeitig abliefen, so wird für alle die *progressive form* verwendet. Solche gleichzeitig ablaufenden Handlungen werden oft durch Sätze mit *while* beschrieben.

61 *Past tense* und *present perfect*: Gegenüberstellung
Past tense and present perfect in contrast

	jetzt		jetzt
zuvor: *past tense*		**Dauer/Wirkung bis jetzt: *present perfect***	

Das *past tense* betont, daß eine Handlung oder ein Zustand der Vergangenheit **abgeschlossen und vorbei** ist.

Das *present perfect* betont, daß eine Handlung oder ein Zustand der Vergangenheit in einer **Beziehung zur Gegenwart** steht.

***Past tense* bei Zeitangaben wie *yesterday, a month ago, last year, when*-Nebensätzen**	***Present perfect* bei Zeitangaben wie *since (Monday), for (two days), so far, (not) yet, already, ever/never (before/so far)***
Dad **flew** back from New York ***yesterday.*** The Clarks **went** to Australia ***last spring.*** We **took** hundreds of photos ***when we were on holiday.*** **Did** you **take** any pictures ***during the flight?***	The Smiths **have been** back home ***since Friday.*** We **haven't heard** from them ***since they went away.*** Aunt Sarah **has lived** in Sydney ***for ten years.*** – **Have** you ***ever*** **visited** her? – No, I **haven't had** a chance ***so far.*** ... bisher ...
Solche Zeitangaben bezeichnen einen Zeitpunkt oder Zeitraum, der **ganz in der Vergangenheit** liegt. Daher kommt hier nur das *past tense* in Frage.	Solche Zeitangaben bezeichnen einen Zeitraum, der von der Vergangenheit bis in die Gegenwart reicht. Daher muß hier das *present perfect* verwendet werden.

'I've brought you a little souvenir.'

Present perfect: Ergebnis, Wirkung in der Gegenwart betont
We**'ve driven** nearly 500 miles today. – No wonder you feel tired. Would you like another cup of tea? – No, thanks. **I've had** enough. Are there any more biscuits? – Sorry, Peter **has** just **taken** the last one.
Die Handlung ist zwar an sich vorbei, aber das Ergebnis ist immer noch wichtig. Deshalb wird das *present perfect* benützt.

A I **haven't been able** to go on holiday this year. (Das Jahr ist noch nicht vorbei: Ein Urlaub ist immer noch möglich.)

I **wasn't able** to go on holiday this year. (Das Jahr ist praktisch vorbei: Ein Urlaub kommt nicht mehr in Frage.)

Bei Zeitangaben wie *this week, this year,* usw. kann man *present perfect* oder *past tense* benutzen, je nachdem was man ausdrücken will.

§ 62 Das *past perfect: simple* und *progressive form*
The past perfect: simple and progressive forms

1. Formen

simple past perfect	
I/You/He/She/It We/You/They	**had arrived.**
past perfect progressive	
I/You/He/She/It We/You/They	**had been waiting.**

Das *simple past perfect* wird gebildet aus *had + past participle.* (Zum *past participle* vgl. § 58.)

Das *past perfect progressive* wird gebildet aus *had + been + present participle* (*-ing*-Form). Zur Schreibung des *present participle* vgl. § 57.1

2. Verwendung

damals: ***past tense***

zuvor: ***past perfect***

Simple past perfect **für Handlungen, die in der Vergangenheit schon vorbei waren**
The first pioneers *travelled* to California in 1849. Some of them **had emigrated** to the USA from Europe only a few months before. After we **had visited** our relations in Toronto, we *flew* back to New York.

Das *past perfect* steht fast immer in der Nähe von *past-tense*-Formen. Das *past tense* drückt aus, was sich in der Vergangenheit (,damals') ereignete. Das *past perfect* verwendet man, wenn man sich auf **noch weiter zurückliegende** Handlungen bezieht.

A Das *past perfect* erscheint vor allem in der indirekten Rede (vgl. § 151).

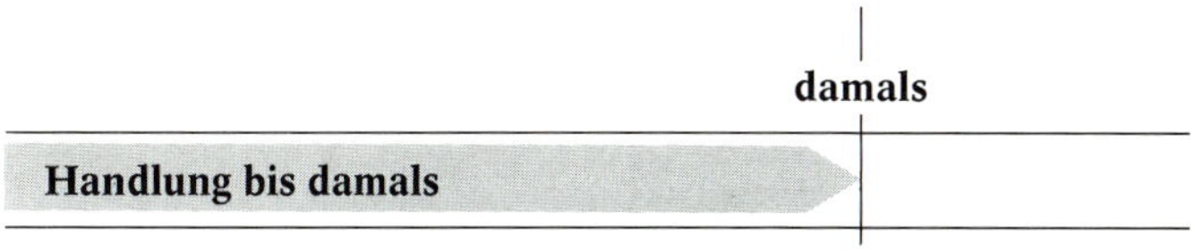

Past perfect für Handlungen, die bis zu einem vergangenen Zeitpunkt andauerten

At last our flight to Manchester was announced. We **had been waiting** at the airport *since the early hours of the morning.*

The passengers knew nothing at all about the engine trouble, but the crew **had known** about it *for some time.*

In dieser Bedeutung wird das *past perfect* oft mit Zeitangaben wie *since ...*, *for ...* verbunden.
Soll der Ablauf betont werden, so verwendet man die *progressive form.*
Bei bestimmten Verben ist nur die *simple form* möglich (vgl. § 56; vgl. auch den Gebrauch des *present perfect,* § 58).

63 Die Wiedergabe der Zukunft: Übersicht über Formen und Sprechabsichten

Ways of expressing future time: table of forms and speech intentions

1. Formen

Zukünftiges Geschehen kann im Englischen durch eine Reihe von Formen wiedergegeben werde, z. B. durch:

We'**re going to travel** to London next week.	*going-to-future*
We'**re travelling** to London next week.	*present progressive*
We'**ll be travelling** to London next week.	*future progressive*
We'**ll take** the early train.	*will-future*
The train **leaves** at 7.30.	*simple present*

2. Sprechabsichten

Welche der Formen man wählt, hängt davon ab, welche Sprechabsichten man hat, d. h. welchen Gesichtspunkt man besonders betonen will. Die wichtigsten Sprechabsichten und Bedeutungen enthält die folgende Tabelle. (Zu den Einzelheiten und weiteren Sprechabsichten vgl. §§ 64-69.)

Absicht:	*going-to-future*	Barbara and I **are going to spend** a week in France next month.
Vereinbarung:	*present progressive*	My cousin **is travelling** with us. We'**re meeting** at Victoria Station.
Zu erwartende Entwicklung:	*future progressive*	I suppose she and her mother **will be staying** the night at a hotel in London.
Vorhersage:	*will-future*	It **will take** us about an hour to get to Dover.
Feststehender Termin:	*simple present*	Our train **leaves** at 10.15 a.m. When **does** the ferry **arrive** at Calais?

I'm going to collect the tickets tomorrow. — Ich **hole** morgen die Fahrkarten ab.

Im Gegensatz zum deutschen Präsens ist das *simple present* im Englischen nur selten für zukünftige Handlungen möglich

§ 64 Das *going-to-future*
The *going-to*-future

1. Formen

I **am**	**going to let**	the dog out.
He/She/It **is**	**going to play**	in the garden.
We/You/They **are**	**going to stay**	outside.

Das *going-to-future* wird gebildet aus *am/are/is + going to* + Infinitiv.
(Meist werden die Kurzformen von *be* verwendet, vgl. § 82.2 und § 83.1.)

2. Verwendung

Going-to-future **für Absichten, Vorhaben**

We**'re going to buy** Bobby a football for his birthday.
Are you **going to watch** 'Match of the Day' on TV tonight?
Judy says she**'s going to have** her own riding school *when she grows up.*

Das *going-to-future* beschreibt, was jemand vorhat. Da die meisten Vorhaben kurzfristiger Art sind, bezieht es sich häufig auf die nahe Zukunft.

Wenn eine fernere Zukunft gemeint ist, muß eine entsprechende Zeitangabe benutzt werden.

Going-to-future **zum Ausdruck der Gewißheit**

Look at those clouds. It**'s going to rain** soon.
We've still got a long way to cycle. We**'re going to get** wet, you can see that.

Das *going-to-future* kann auch ausdrücken, daß ein Ereignis mit Gewißheit eintreten wird, weil bereits entsprechende Anzeichen vorliegen (z. B. dunkle Wolken, die Regen ankündigen).

§ 65 Das *present progressive* zur Wiedergabe der Zukunft
The *present progressive* to express future time

(Formen: vgl. § 57.1)

'We're leaving for Italy tomorrow morning.'

***Present progressive* für feste Pläne, Vereinbarungen**
Sorry, there's a terrible mess. We**'re leaving** for Italy *tomorrow morning.* You needn't collect me *after the party.* **I'm coming** back with the Browns.
Das *present progressive* drückt aus, daß man etwas fest geplant oder vereinbart hat. Dabei muß durch eine Zeitangabe (z. B. *tomorrow morning*) oder durch den Zusammenhang deutlich werden, daß die Zukunft und nicht die Gegenwart gemeint ist. Das *present progressive* ist nur bei Tätigkeitsverben möglich (vgl. § 56).

66 Das *will-future*
The *will*-future

1. Formen

I/You/He/She/It We/You/They	**will** **'ll** **won't** [wəʊnt]	**start** tomorrow.
(I/We	**shall/shan't** [ʃɑːnt]	**start** tomorrow.)

Das *will-future* wird aus *will* + Infinitiv gebildet. In der Umgangssprache werden statt *will/will not* meist die Kurzformen *'ll/won't* verwendet.
(In der ersten Person benützen einige Briten statt *will/won't* noch *shall/shan't.*)

2. Verwendung

***Will-future* für Vorhersagen, Vermutungen**
Southern areas **will have** another bright day, but there **will be** a few showers in the North. How old is Greg? – Sixteen. I think he**'ll be** seventeen next September. Yes, I'm sure he **will.** I'm afraid I **won't be** here on your birthday.

Das *will-future* beschreibt hier zukünftige Ereignisse, die von äußeren Umständen oder Bedingungen abhängen (z. B. vom Wetter).

Das *will-future* steht auch in Nebensätzen nach bestimmten Verben wie *think, be sure, be afraid.* (Zum *will-future* in Bedingungssätzen vgl. § 73.)

***Will-future* für spontane Entschlüsse**
I've got to do the washing-up now, I'm afraid. - **I'll help** you.

Will drückt hier aus, daß der Sprecher sich zu etwas bereit erklärt oder etwas verspricht, ohne es vorher geplant zu haben.

67 Das *future progressive*
The future progressive

1. Formen

I/You/He/She/It/ We/You/They	**will** **'ll** **won't**	**be coming** tonight.
(I/We	**shall/shan't**	**be coming** tonight.)

Das *future progressive* wird gebildet aus *will + be + present participle.*
(Zum *present participle* vgl. § 57.1. Zu den Formen von *will* und zum Gebrauch von *shall* statt *will* vgl. § 66.1.)

2. Verwendung

Future progressive für Ereignisse, die zu erwarten sind

You needn't phone Paul. We'**ll be meeting** him at the weekend, remember.
Shall I take my new cassette? – What for? We **won't be listening** to music this evening anyway.
I wonder what's happened to Janet and Brian. – Don't worry. I expect they'll **be arriving** soon.

Durch das *future progressive* drückt der Sprecher aus, daß ein Ereignis sich einfach so ergeben wird. Es wird ,sowieso' geschehen, ob es nun geplant ist oder nicht.

A Julia **will be waiting** for us on the platform when the train arrives, I'm sure.

Das *future progressive* kann auch eine Handlung beschreiben, die zu einem bestimmten Zeitpunkt der Zukunft gerade ablaufen wird (hier: Zeitpunkt, zu dem der Zug ankommt).

§ 68 Das *simple present* zur Wiedergabe der Zukunft
The *simple present* to express future time

Simple present in Hauptsätzen: bei feststehenden Terminen

Hull – Brough – Goole – Doncaster – London

Sundays											
Hull	d	07 44	08 20	09 37	11 37	13 36	14 36	15 15	16 35	17 30	18 14
Brough	d	07 56	08 32	09 49	11 49	13 48	14 48	15 57	16 47	17 42	18 26
Goole	d	08 17	08 47	10 05	12 10	14 09	15 04	16 13	17 08	17 58	18 42
Doncaster	d	09 01	09 09	10 50	13 19	14 48	15 34	16 59	17 49	18 32	19 43
London (King's Cross)	a	12 27	13 00	13 50	15 40	17 10	18 00	18 55	20 00	20 27	21 35

Our train **leaves** at 2.36.
It **arrives** in London at six o'clock.
When **does** the concert **start?**

Das *simple present* wird, im Gegensatz zum *present progressive,* nur dann benutzt, wenn der Termin **nicht** vom Sprecher oder Handelnden selbst festgelegt ist. Häufig handelt es sich um genaue Zeitangaben aus Fahrplänen, Programmen usw.
Das *simple present* wird vor allem bei *arrive, leave, start, end* verwendet.

§ 69 Das *simple present* in Nebensätzen der (zukünftigen) Zeit und in *if*-Sätzen
The *simple present* in clauses of (future) time and in *if*-clauses

Simple present im Nebensatz – _will-future_ im Hauptsatz

We'll ring you up *as soon as* we **get** there.
I'll send you a few photos *when* I **write** next.

If you **come** by air, we'll collect you at Heathrow.

In Nebensätzen der Zeit, die sich auf die Zukunft beziehen – z. B. mit *when, as soon as* usw. – wird nicht das *will-future,* sondern das *simple present* verwendet. Im zugehörigen Hauptsatz steht jedoch meist das *will-future,* nie das *simple present!*

Bei Bedingungssätzen steht – wenn es sich um eine ,erfüllbare Bedingung' handelt – im *if*-Satz das *simple present,* im Hauptsatz meistens das *will-future* (vgl. § 73, ,Typ 1').

A I'll play tennis with you as soon as I'**ve finished** my homework.

Soll betont werden, daß etwas zu einem Zeitpunkt der Zukunft bereits abgeschlossen sein wird, so verwendet man im Nebensatz der Zeit das *present perfect.*

70 Das *future perfect*
The future perfect

1. Formen

I/You/He/She/It/ We/You/They	**will** / **'ll** / **won't**	**have gone.**
(I/We	**shall/shan't**	**have gone.)**

Das *future perfect* wird gebildet aus *will + have + past participle.* (Zum *past participle* vgl. § 58.1. Zu den Formen von *will* und zum Gebrauch von *shall* statt *will* vgl. § 66.1.)

2. Verwendung

***Future perfect:* Handlung zu einem zukünftigen Zeitpunkt bereits abgeschlossen**

I'll **have finished** my training by August.
Ich werde meine Ausbildung bis August abgeschlossen haben.
When you get back from London, we **will** already **have gone** on holiday.
Wenn du von London zurückkommst, werden wir schon in Urlaub gefahren sein.

Das *future perfect* drückt aus, daß eine Handlung zu einem bestimmten Zeitpunkt in der Zukunft abgeschlossen sein wird.
Dieser zukünftige Zeitpunkt wird z. B. durch eine Zeitangabe wie *by August* oder einen Nebensatz der Zeit *(when ...)* festgelegt.

71 *Conditional* und *conditional perfect*
Conditional and conditional perfect

1. Formen

I/You/He/She/It We/You/They	**would** / **'d**	**come** today.
I/You/He/She/It We/You/They	**would** / **'d**	**have come** today.
(I/We		**should come** today.)
(I/We		**should have come** today.)

Das *conditional* wird gebildet aus *would* (Kurzform: *'d*) + Infinitiv.

Das *conditional perfect* wird gebildet aus *would* (Kurzform: *'d*) + *have* + *past participle.*

(In der 1. Person wird gelegentlich *should* statt *would* verwendet.)

2. Verwendung

If I knew Susan's address, I **would send** her a card.

If I had seen you, I **would have told** you about the excursion.
Dad **would have collected** you if you had asked him.

Bei Bedingungssätzen steht das *conditional* im Hauptsatz, wenn der *if*-Satz eine nicht erfüllbare Bedingung ausdrückt (vgl. § 73, ‚Typ 2'). Das *conditional perfect* steht im Hauptsatz, wenn der *if*-Satz eine nicht mehr erfüllbare Bedingung enthält (vgl. § 73, ‚Typ 3').

He said he **would come** tomorrow.

They said they **would have moved** into their new house by the end of the month.

Conditional und *conditional perfect* kommen auch in der indirekten Rede vor. Sie entsprechen einem *will-future* bzw. einem *future perfect* der direkten Rede (vgl. § 151).

§ 72 Die Zeitenfolge zwischen Sätzen
The sequence of tenses between sentences

Die Zeitformen eines Textes müssen stets zusammenpassen, d. h. man muß die ‚Zeitenfolge' einhalten. Dabei kann man zwei Ausgangspunkte wählen: die Gegenwart (‚jetzt') oder die Vergangenheit (‚damals').

1. Ausgangspunkt Gegenwart (‚jetzt')

Mike, 15, is talking about his interest in basketball.

zuvor: ***past tense***

jetzt: ***present tense***

später: ***will-future***

bis jetzt: ***present perfect***

I **play** basketball. At the moment **I'm** in the second team.

My first match **was** about a year ago.

I've been practising twice a week for the last few months.

Our coach says **I'm making** good progress now.

Next year – with a bit of luck – **I'll be** in the first team.

Wenn man von der Gegenwart ausgeht, benutzt man *present tense, past tense, present perfect* und *will- future* (bzw. andere Zeitformen der Zukunft). Zu den Zeitformen im einzelnen vgl. §§ 57 – 61 und §§ 63 – 69.

2. Ausgangspunkt Vergangenheit (‚damals')

Mike's mother remembers his interest in basketball as a twelve-year-old.

zuvor: ***past perfect***

damals: ***past tense***

später: ***conditional***

bis damals: ***past perfect***

Mike **joined** the basketball club when he **was** twelve.

Even as a three-year-old he **had enjoyed** playing with balls.

He **had been playing** football for several years before he started basketball.

When he **became** a member, the coach at the club **told** me ...

... that he **would** soon **be** good enough to play in the junior team.

Wenn man von der Vergangenheit ausgeht, benutzt man *past tense, past perfect* und *conditional ('future-in-the-past').* Zu den Zeitformen im einzelnen vgl. §§ 60, 62, 71.

§ 73 Der Zeitengebrauch in Bedingungssätzen
The use of tenses in conditional sentences

Unter Bedingungssätzen verstehen wir Satzgefüge, bei denen der *if*-Satz die Bedingung, der Hauptsatz die Folge ausdrückt. Es lassen sich drei Grundtypen unterscheiden:

Typ 1: Reale Bedingungssätze

Erfüllbare Bedingung ***if*-Satz: *simple present***	**– Folge für die Zukunft** **Hauptsatz: *will-future***
If you park your car there,	the neighbours **will complain.**
If I **don't see** Mrs Jones tomorrow,	**I'll ring** her up.

⚠ Im *if*-Satz erscheint nie das *will-future,* auch wenn sich die Bedingung auf die Zukunft bezieht. (Vgl. *If I don't see Mrs Jones* ***tomorrow,*** ...)

A

If you **have sent** the letter off already,	you **can expect** an answer by the weekend.
If you **have had** enough to eat,	please **take** the things to the kitchen.

Im *if*-Satz sind neben dem *simple present* auch andere Zeitformen möglich, z. B. das *present perfect.*

Im Hauptsatz können auch die modalen Hilfsverben *can/ may/must/needn't* oder ein Imperativ auftreten.

Typ 2: Irreale Bedingungssätze

'If I won ...'

Nicht oder kaum erfüllbare Bedingung ***if*-Satz: *past-tense***	**– Folge für Gegenwart oder Zukunft** **Hauptsatz: *conditional (would + Infinitiv)***
If I **had** lots of money,	I **would go** on a world tour.
If we **spent** every winter in Spain,	we **would pick up** the language in no time.

⚠ Das *past tense* im *if*-Satz bezieht sich hier nicht wie sonst auf die reale Vergangenheit *(hatte, verbrachten),* sondern hat die Bedeutung einer deutschen Konjunktivform *(hätte, verbringen würden).* Im *if*-Satz steht nie das *conditional.*

A

If you **came** back by plane,	we **could collect** you at Heathrow.

Im Hauptsatz kann man statt des *conditional* (d. h. *would* + Infinitiv) auch *could* (könnte) + Infinitiv oder *might* (würde vielleicht) + Infinitiv verwenden.

Typ 3: Irreale Bedingungssätze mit Vergangenheitsbezug

Nicht mehr erfüllbare Bedingung ***if*-Satz: *past perfect***	**– Folge für die Vergangenheit** **Hauptsatz: *conditional perfect*** ***(would have + past participle)***
If I **had known** the exact time,	I **wouldn't have** missed my train.

Auch das *past perfect* hat hier im *if*-Satz nicht seine übliche Bedeutung *(gewußt hatte),* sondern die Bedeutung einer deutschen Konjunktivform *(gewußt hätte).*
⚠ Im **if**-Satz steht nie das *conditional perfect.*

A 1 Auch folgende Kombinationen sind möglich:

If you **didn't** always **drive** so fast,	you **would have seen** that sign.
Wenn du nicht ... fahren würdest,	hättest du ... gesehen.
If we **had left** home at eight this morning,	we **would be** in Scotland by now.
Wenn wir ... weggefahren wären,	wären wir jetzt schon ...

A 2 **Had I known** there was an emergency, I would have called the police at once.

Im förmlichen Stil wird statt *If I had + past participle* manchmal die Konstruktion *Had I + past participle* benutzt (Wegfall von *if,* Umstellung von Subjekt und Hilfsverb).

74 Die Verwendung von *were* und *was* im *if*-Satz
The use of *were* und *was* in *if*-clauses

***If I/he/she/it were ...* - wenn ich/er/sie/es ... wäre**

If I **were** you,	I **wouldn't call** the police.
If there **were/was** any real danger,	it **would be** different, of course.
If your father **were/was** more polite to the neighbours,	there **wouldn't be** all this trouble now.

Das Verb *be* hat spezielle Konjunktivformen *(subjunctive): I were, he/she/it were.*
Diese Formen können im irrealen Bedingungssatz (§ 73, ‚Typ 2') verwendet werden.
In der Umgangssprache werden sie aber zunehmend durch *I was, he/she/it was* ersetzt.

75 *Should* im *if*-Satz
Should in *if*-clauses

If you **should get** lost,	you'**ll be** able to ask someone the way.
Wenn ihr euch verlaufen solltet,	...
If you **should be** in our area,	**ring** up and **let** us know.
If I **should be** out,	Peter **would answer** the phone and take a message.

Should drückt wie das deutsche *sollte* eine denkbare Möglichkeit aus.
Im zugehörigen Hauptsatz kann das *will-future,* ein Imperativ oder auch das *conditional* stehen.

A

Should this door **be** closed,	please **use** the main entrance on the west side.
Sollte diese Tür geschlossen sein,	...

Should kann wie das deutsche *sollte* auch am Anfang eines Nebensatzes stehen, der einen *if*-Satz ersetzt.

§ 76 *Past tense* und *past perfect* in Wunschsätzen
Past tense and past perfect to express wishes

I wish/I'd rather/If only/It's (high) time + past tense

I wish I **were/was** a millionaire.	Ich wünschte, ich wäre Millionär.
If only I **had** enough money for a trip to America.	Wenn ich doch nur genug Geld ... hätte.
I'd rather you **didn't spend** so much money on records.	Es wäre mir lieber, wenn du nicht soviel Geld für Schallplatten ausgeben würdest.
It's high time your parents **gave** you a bit more pocket money.	Es ist höchste Zeit, daß deine Eltern dir etwas mehr Taschengeld geben.

Das *past tense* bezieht sich hier nicht auf die Vergangenheit, sondern es drückt aus, daß ein Wunsch für nicht oder kaum erfüllbar gehalten wird, ähnlich wie bei den irrealen Bedingungssätzen (vgl. § 73, ,Typ 2').
Statt *I was, he/she/it was* sagt man in solchen Sätzen häufig *I were, he/she/it were* (vgl. § 74).
Im Deutschen verwendet man nach den entsprechenden Wendungen Konjunktivformen (*wäre, hätte* usw.), außer bei *it's (high) time ... – es ist (höchste) Zeit, daß ...*

I wish/I'd rather/If only + past perfect

I wish I **had done** my homework.	Ich wünschte, ich hätte meine Hausaufgaben gemacht.
If only I **hadn't eaten** so much!	Wenn ich nur nicht so viel gegessen hätte.

Das *past perfect* drückt hier Wünsche aus, die nicht mehr erfüllbar sind, da sie sich auf die Vergangenheit beziehen. (Vgl. die irrealen Bedingungssätze mit Vergangenheitsbezug, § 73, ,Typ 3'.)

Kapitel 9: Das Passiv – Zeitformen und Satzmuster
The passive voice – tenses and sentence patterns

The car is checked regularly.

77 Die Zeitformen des Passivs
The passive forms of the verb

1. Formen

simple forms

The car **is checked** regularly.
It **was taken** to the garage yesterday.
The tank **has been filled** up.
The car **had been washed** before we left.
The new models **will be delivered** next week.
A car like this **would be sold** quickly.
The work **will have been done** by this evening.
The repairs **would have been finished** sooner if we hadn't been so busy.

In der *simple form* können alle Zeitformen des Aktivs auch im Passiv gebildet werden:

present tense:	*am/is/are*	+ *past participle*
past tense:	*was/were*	
present perfect:	*have/has been*	
past perfect:	*had been*	
will-future:	*will be*	
conditional:	*would be*	
future perfect:	*will have been*	
conditional perfect:	*would have been*	

The car **must be washed.**
... muß gewaschen werden.
The rear light **should have been replaced.**
... hätte ersetzt werden sollen.

can, *must*, *should* usw. + *be + past participle* (Passivform des Infinitivs) / *have been + past participle* (passive Perfektform des Infinitivs)

progressive forms

My bike **is being repaired** at the moment.
My bike **was being repaired,** so I went by bus.

Progressive forms sind nur im *present tense* und im *past tense* üblich. Sie werden gebildet aus

am/are/is being / *was/were being* + *past participle*

(Zum *past participle* vgl. § 58.1.)

A 1 He **got** badly **hurt** in the accident. — Er wurde ... schwer verletzt.
Don't leave your bike outside. It might **get stolen**. — ... Es könnte ... gestohlen werden.

Anstelle des Passivs wird in der Umgangssprache gelegentlich eine Konstruktion aus *get* + *past participle* verwendet. Dieses ‚*get*-Passiv' drückt aus, daß ein Ereignis ungewollt oder unerwartet eintritt.

A 2 He wants **to be left** in peace. — Zu den Passivformen des Infinitivs vgl. auch § 100.
He hates **being woken** up early. — Zu den Passivformen des *gerund* vgl. § 112.

2. Die Verwendung der *simple forms* des Passivs

Die Zeitformen des Passivs werden im Text nach denselben Grundsätzen verwendet wie die Zeitformen des Aktivs.

The dustbins **are emptied** every Monday. Rubbish **is** never **collected** at the weekend.	Das *simple present* wird verwendet, wenn etwas regelmäßig, häufig, selten oder auch nie getan wird (vgl. § 57.2).
The lawn **has been cut,** I see. It looks much better now. **Have** all the apples **been picked**?	Das *present perfect* gebraucht man, um die Wirkung einer vergangenen Handlung auf die Gegenwart zu betonen (vgl. § 58.2).
Several big trees **were blown** down in a bad storm last autumn. Luckily nobody **was injured.**	Das *simple past* betont, daß eine vergangene Handlung als abgeschlossene Tatsache betrachtet wird (vgl. § 60.2 und § 61).

A

The gate **is locked** at 7 p.m. every evening.	Das Tor **wird** jeden Abend um 7 Uhr **geschlossen.**	(Vorgang)
We can't get in – the gate **is locked.**	... – das Tor **ist geschlossen.**	(Zustand)

Das Passiv kann im *simple present* und *simple past* nicht nur einen Vorgang, sondern auch einen Zustand beschreiben. (Im Deutschen benützt man für das ‚Zustandspassiv' ein anderes Hilfsverb als für das ‚Vorgangspassiv'.)

'Our TV is being repaired at the moment.'

3. Die Verwendung der *progressive forms* des Passivs

Have you heard? The cinema in Station Road **is being turned** into a disco. Two new houses **are being built** in our road at the moment.	Das *present progressive* beschreibt Handlungen, die im Moment des Sprechens oder zur Zeit gerade ablaufen und noch nicht abgeschlossen sind (vgl. § 57.3).
When I walked past yesterday, the windows **were being put** in.	Das *past progressive* beschreibt Handlungen, die zu einem bestimmten Zeitpunkt der Vergangenheit gerade abliefen (vgl. § 60.3).

78 Passivsätze mit und ohne *by-agent*
Passive sentences with and without a *by*-agent

	Subjekt		**Objekt**
Aktiv:	The police	arrested	the thief.
Passiv:	The thief	was arrested.	
	Subjekt		

Passivsätze lassen sich im Englischen mit fast allen Verben bilden, die im Aktivsatz ein Objekt haben. Dabei entspricht das Objekt des Aktivsatzes dem Subjekt des Passivsatzes.

Every day millions of telephone calls **are made.** New telephone books **are printed** regularly and **provided** free for all telephone users.
Hundreds of telephone boxes **were damaged** in the London area last year. Windows **were broken,** wires **pulled out** and telephone books **torn up.**

Der Verursacher der Handlung (= Subjekt im Aktivsatz) wird im Passivsatz oft nicht erwähnt. Solche Passivsätze werden vor allem dann verwendet, wenn es unwichtig oder offensichtlich ist, wer etwas tut oder getan hat, oder wenn man dies nicht weiß.

	Subjekt		**Objekt**
Aktiv:	Inspector Brown	arrested	the thief.
Passiv:	The thief	was arrested	by Inspector Brown.
	Subjekt		***by-agent***

Forest fires **are** often **started *by careless picnickers.***
The fire in the tower block **was** first **reported *by a passing taxi-driver.***
A 92-year-old woman, who was asleep in her 11th floor flat, **was** finally **rescued** from the flames ***by the fire brigade.***
Hundreds of fine old buildings **were destroyed *by the Great Fire of London*** in 1666.

Der Verursacher kann im Passivsatz in Form des *by-agent* erwähnt werden. Passivsätze mit *by-agent* verwendet man vor allem, wenn man betonen will, **wer** etwas tut oder getan hat oder was die Ursache eines Geschehens ist.

§ 79 Das Passiv bei Verben mit Präposition
Verbs with prepositions in passive sentences

	Subjekt	**Verb + Präposition**	**Präpositionalobjekt**
Aktiv:	Our friends	looked after	the children.
Passiv:	The children	were looked after	by our friends.
	Subjekt	**Verb + Präposition**	***by-agent***

Our new neighbours don't seem very friendly.	
They only speak if they**'re spoken to.**	..., wenn man sie anspricht.
Last night two houses in our road **were broken into.**	Heute nacht wurde in ... eingebrochen.
Since the afternoon of July 6th, 8-year-old Sarah Armstrong **has not been heard of.**	Seit ... hat man nichts von ... gehört.

Das Subjekt des Passivsatzes entspricht hier dem Präpositionalobjekt des Aktivsatzes.
Verb und Präposition gehören so eng zusammen, daß sie auch im Passivsatz nicht getrennt werden.
Bei der Übersetzung ins Deutsche werden häufig Sätze mit ‚man' verwendet.

§ 80 Das Passiv bei Verben mit zwei Objekten
Verbs with two objects in passive sentences

Bei Verben wie *give, offer, send, hand, show* (vgl. § 97.1) gibt es zwei Möglichkeiten, Passivsätze zu bilden.

			indirektes Objekt	**direktes Objekt**
Aktiv:	They	gave	the children	the best seats.

Passiv: (1)	The children	were given the best seats.
	Subjekt	
(2)	The best seats	were given **to** the children.
	Subjekt	

Passiv (1)	**Passiv (2)**
We **were offered** a choice of five different kinds of ice-cream. Man bot uns ... an. My mother **has been sent** an enormous box of chocolates. Jemand hat ... geschickt.	The menu **has been handed to** the people sitting at the next table. Coffee **was given** only **to** the grown-ups (not to the children).
Hier entspricht das Subjekt des Passivsatzes dem indirekten Objekt des Aktivsatzes. Da es sich dabei meist um eine Person handelt, spricht man auch vom ‚persönlichen Passiv'. Diese Passivkonstruktion ist die häufigere. Bei der Übersetzung ins Deutsche werden oft Sätze mit *man* oder *jemand* verwendet.	Hier entspricht das Subjekt des Passivsatzes dem direkten Objekt des Aktivsatzes (meist eine Sachbezeichnung). Das indirekte Objekt (meist eine Personenbezeichnung) wird mit *to* angeschlossen. Diese Passivkonstruktion wird nur benutzt, wenn das indirekte Objekt besonders lang ist oder betont werden soll.

⚠ The dangers of leaving the group and riding over the moors alone **were explained to** us before the trip.

Verben, bei denen das indirekte Objekt immer mit *to* angeschlossen wird (z. B. *explain s.th. to s.o.*, vgl. § 97.2), lassen nur die Passivkonstruktion (2) zu: Nur das direkte Objekt des Aktivsatzes kann zum Subjekt des Passivsatzes werden.

Cycling is said to be the most strenuous of all sports.

81 Passivsätze mit Verben des Sagens und Meinens
Passive sentences with verbs of saying and thinking

Cycling **is said to be** the most strenuous of all sports.

Vgl.: People **say** that cycling **is** the most strenuous of all sports.

Man sagt, daß Radfahren der anstrengendste Sport sei.

Team games **are supposed to be** good for us – but I much prefer athletics. ...sollen angeblich ...
The game of football **is thought to have started** in the 13th century. ... hat vermutlich ... begonnen.

Auf die Passivformen von Verben des Sagens und Meinens, wie *say, believe, think, suppose, report* kann eine Infinitivkonstruktion folgen.
Solche Sätze entsprechen Aktivsätzen, die durch Ausdrücke wie *People say that* ... eingeleitet werden.
Im Deutschen können sie deshalb durch einen *daß*-Satz wiedergegeben werden.

Daneben benutzt man im Deutschen oft Sätze mit *sollen* und Adverbien wie *angeblich* oder *vermutlich*.

Kapitel 10: Die Hilfsverben
The auxiliaries

§ 82 Hilfsverben und Vollverben
Auxiliaries and main verbs

Es gibt sehr viele Vollverben, aber nur eine begrenzte Anzahl von Hilfsverben.
Zu den Hilfsverben gehören:
- *be, have, do* (diese Verben kann man auch als Vollverben verwenden, vgl. § 83–85)
- die modalen Hilfsverben (*can, must, may,* usw.; vgl. § 86).

1. Die Verwendung im bejahten Satz, im verneinten Satz und im Fragesatz

Im bejahten Satz			
He		**speaks** **Vollverb**	five languages.
He	**can** **Hilfsverb**	**speak** **Vollverb**	five languages.
He	**has** **Hilfsverb**	**learnt** **Vollverb**	five languages.

Im bejahten Aussagesatz können nur Vollverben für sich allein vorkommen.
Hilfsverben werden dagegen nur in Verbindung mit Vollverben benutzt (daher die Bezeichnung ‚Hilfsverben').

Im verneinten Satz			
You	**needn't** **Hilfsverb + *not***	**speak** **Vollverb**	French.
She	**doesn't** **Hilfsverb + *not***	**speak** **Vollverb**	English.

Bei der Verneinung mit *not* muß immer ein Hilfsverb vorhanden sein. An dieses Hilfsverb wird *not* (oder die Kurzform *n't*) angefügt. Wenn kein anderes Hilfsverb vorhanden ist, verwendet man *do* als Hilfsverb. (Vgl. § 138.)

Im Fragesatz			
Have **Hilfsverb**	**you** **Subjekt**	**read** **Vollverb**	the book?
Do **Hilfsverb**	**you** **Subjekt**	**read** **Vollverb**	a lot?

Im Fragesatz kann nur ein Hilfsverb vor dem Subjekt stehen, nicht aber ein Vollverb.
Auch hier wird das Hilfsverb *do* verwendet, wenn kein anderes Hilfsverb vorhanden ist. (Vgl. § 140.)

2. Die Langformen und Kurzformen der Hilfsverben

Im Gegensatz zu den Vollverben gibt es bei den Hilfsverben Kurzformen (vgl. die Formenübersichten in § 83 – 86), z. B.: *I'**ll** help you. = I **will** help you.* *I **can't** come. = I **cannot** come.*

In der Umgangssprache: Kurzformen	Im förmlichen Stil: Langformen
I'm afraid I **can't** come to Bristol this weekend. We'**ll** let you know when we'**ve** booked our flight. You'**re** coming back on Sunday, **aren't** you?	We are very sorry that Lady Fitzgerald **cannot** be here with us today. Unfortunately I **have not** received a reply to my letter of April 21st.
In der Umgangssprache (Alltagsgespräche, Briefe an Freunde usw.) verwendet man normalerweise die Kurzformen der Hilfsverben.	Die Langformen verwendet man im allgemeinen nur im förmlichen Stil (öffentliche Rede, Geschäftsbrief, Aufsatz usw.).

A I **can** [kən] swim. **Can** [kæn] you swim? – Yes, I **can.** [kæn]
I **must** [məs(t)] go. **Must** [mʌst] you go? – Yes, I **must.** [mʌst]

Can und *must* haben zwar in der Schreibung keine Kurzformen, aber bei der Aussprache wird der Vokal normalerweise zu [ə] abgeschwächt. In Entscheidungsfragen und Kurzantworten wird das Hilfsverb jedoch mit vollem Vokal ausgesprochen.
In diesem Fall sind auch bei *is, will* keine Kurzformen, sondern nur Langformen möglich.
Vgl. *It'll be too late.* Aber: ***Will** it be too late? – Yes, it **will.***

3 *Be* als Hilfsverb und Vollverb
Be used as an auxiliary verb and as a main verb

1. Formen

Present tense			***Past tense***	
Langformen	**Kurzformen**		**Langformen**	**Kurzformen**
I **am** **(not)**	I'**m** **(not)**		I **was** **(not)**	I **wasn't**
you **are** **(not)**	you'**re** **(not)**	you **aren't**	you **were** **(not)**	you **weren't**
he / she / it **is** **(not)**	he'**s** / she'**s** / it'**s** **(not)**	he / she / it **isn't**	he / she / it **was** **(not)**	he / she / it **wasn't**
we / you / they **are** **(not)**	we'**re** / you'**re** / they'**re** **(not)**	we / you / they **aren't**	we / you / they **were** **(not)**	we / you / they **weren't**
Infinite Verbformen: Infinitiv: **be**	*ing*–Form: **being**		*past participle:* **been**	

1 **Aren't I** clever? I'm getting in your way, **aren't I?**

In Fragen und *question tags* verwendet man für *am I not* auch *aren't I.*

2 In Schlagern und anderen Originaltexten trifft man gelegentlich auf die Slang– und Dialektformen *I ain't/ain't I* [eɪnt] für *I'm not/aren't I.*
(Außerdem wird die Form *ain't* auch anstelle von *isn't, haven't, hasn't* gebraucht.)

2. Verwendung

Be als Hilfsverb zur Bildung der *progressive form* und des Passivs

Please be quiet! Mark and I ***are* listening** to the news.
Can I have the paper now? You**'ve *been* reading** it for ages.
The western we saw last night ***was* filmed** in Spain.
'Oliver Twist' **has *been* shown** at least three times. I don't want to watch it again.

Die Formen des Hilfsverbs *be* und das *present participle* (–*ing*–Form) eines Vollverbs bilden zusammen die *progressive form.*

In Verbindung mit dem *past participle* dient *be* zur Bildung des Passivs (vgl. § 77).

Be als Vollverb zum Ausdruck einer Beziehung

The Hunters **are** both doctors.
Peter's grandfather **is** very ill, I believe.
The hospital **is** on the other side of York.
Visiting hours **are** from 4 pm to 6 pm.

Als Vollverb hat *be* immer eine Ergänzung nach sich, z.B. ein Nomen, ein Adjektiv, eine Orts– oder Zeitangabe. Es drückt dann einen Zustand, eine Eigenschaft oder eine sonstige Beziehung aus.

Is the surgery still open?
The instructions say that these travel pills **are not** suitable for small children.

Dabei tritt *be* stets in der *simple form* auf.
In Frage und Verneinung wird *be* auch als Vollverb nicht mit *do* umschrieben.

Where'**s** Mrs Tate? She **isn't** in the waiting–room.

Auch wenn *be* als Vollverb benutzt wird, können die Kurzformen verwendet werden.

A You **are being** very difficult today. — Du bist (= verhältst dich) heute sehr schwierig.

Das Vollverb *be* kann auch ein momentanes Verhalten ausdrücken. In diesem Fall steht es in der *progressive form.*

§ 84 *Have* als Hilfsverb und Vollverb
Have used as an auxiliary verb and as a main verb

1. Formen

Present tense

Langformen	**Kurzformen**	
I, you **have (not)**	I'**ve**, you'**ve** **(not)**	I, you **haven't**
he, she, it **has (not)**	he'**s**, she'**s**, it'**s** **(not)**	he, she, it **hasn't**
we, you, they **have (not)**	we'**ve**, you'**ve**, they'**ve** **(not)**	we, you, they **haven't**

Past tense

Langformen	**Kurzformen**	
I, you, he, she, it, we, you, they **had (not)**	**I'd**, you'**d**, he'**d**, she'**d**, it'**d**, we'**d**, you'**d**, they'**d** **(not)**	I, you, he, she, it, we, you, they **hadn't**

Infinite Verbformen: Infinitiv: **have** — *ing*–Form: **having** — *past participle:* **had**

⚠ Die Kurzformen *'s* und *'d* sind doppeldeutig. Beachte den Unterschied:

He's < (= he **is**) going home. / (= he **has**) gone home.

He'**d** < (= he **would**) go home. / (= he **had**) gone home.

2. Verwendung

Have als Hilfsverb zur Bildung der _perfect tenses_

Judy **has left** school now.
I **would have done** better in my exams if I **had worked** harder.

Die Formen des Hilfsverbs *have* werden in Verbindung mit dem *past participle* eines Vollverbs zur Bildung der *perfect tenses* benützt (*present perfect* – vgl. § 58, *past perfect* – vgl. § 62 usw.).

Alan **hasn't taken** his A–levels yet.
Have you **finished** your English essay already? That was quick!

Wie alle Hilfsverben wird *have* in dieser Verwendung in Frage und Verneinung nicht mit *do* umschrieben.

Have als Vollverb mit _do_–Umschreibung in Frage und Verneinung

Als Vollverb kann *have* verschiedene Bedeutungen haben.

One of my uncles **has** a farm in Scotland.
John and his brother both **have** very dark hair.
Your grandmother **had** small hands just like yours.

Es kann, wie das deutsche Verb *haben*, Besitz oder Zugehörigkeit ausdrücken. Dabei ist nur die *simple form* möglich.

My great–grandparents **had** seven daughters, but they **didn't have** any sons.
Did they **have** a big house? – Yes, they **did**.

In Verneinung und Frage ist die *do*–Umschreibung – falls kein anderes Hilfsverb vorhanden ist – meist nötig (und immer möglich).

Have a good time at the weekend!
We **were having breakfast** when they arrived.
Wir frühstückten gerade ...

Im Englischen gibt es außerdem eine große Anzahl fester Verbindungen aus *have* + Nomen, die eine Tätigkeit beschreiben. Hier kann *have* auch in der *progressive form* stehen.

Do you always **have a walk** after lunch on Sundays?
I **didn't have a bath** last night, I **had a shower.**

In Frage und Verneinung muß *have* hier mit *do* umschrieben werden, falls kein anderes Hilfsverb vorhanden ist.

A 1 Zu *have to* in der Bedeutung ‚müssen' vgl. § 90.

Zu *have something done (have* + Nomen + *past participle*) in der Bedeutung ‚etwas machen lassen' vgl. § 124.

A 2 **Have** you **(got)** any brothers and sisters?
– Yes, I **have (got)** a sister, but I **haven't (got)** any brothers.

Wenn *have* Besitz oder Zugehörigkeit ausdrückt, so braucht es im *present tense* in Frage und Verneinung nicht mit *do* umschrieben zu werden. In der britischen Umgangssprache wird im *present tense* allerdings *have got* bevorzugt, welches nie umschrieben wird.

"Bye, Jane. Have a good time!"

85 *Do* als Hilfsverb und Vollverb
Do used as an auxiliary and as a main verb

1. Formen

		Langformen	Kurzformen	Infinite Verbformen
Present tense:	I/you he/she/it we/you/they	**do (not)** **does (not)** [dʌz] **do (not)**	**don't** **doesn't** ['dʌznt] **don't**	Infinitiv: **do** *ing*–Form: **doing** *Past participle:* **done**
Past tense:	I/you/he/she/it we/you/they	**did (not)**	**didn't**	

2. Verwendung

Do als Hilfsverb in Frage und Verneinung	
Do you like jazz? – Yes, I **do**, but I **don't** like this band very much. Ann plays the guitar, **doesn't** she? – Yes, she **does**, and so **do** I. That blond girl **did** sing beautifully!	*Do* benützt man, wenn kein anderes Hilfsverb im Satz vorhanden ist, – zur Bildung von Frage und Verneinung (vgl. § 138 und § 140), – in Bestätigungsfragen *(question tags)* und anderen Kurzsätzen (vgl. §§ 142 – 144), – zur Hervorhebung einer Aussage (vgl. § 148).
***Do* als Vollverb**	
What's Gill **doing?** – She's **doing** her French homework.	Als Vollverb ist *do* ein Tätigkeitsverb und tritt häufig in der *progressive form* auf.
What **do** you **do** in your free time? – I go swimming a lot in the summer, but I **don't do** much in the winter.	In Frage und Verneinung wird das Vollverb *do* mit dem Hilfsverb *do* umschrieben, falls kein anderes Hilfsverb vorhanden ist.

§ 86 Die modalen Hilfsverben: Übersicht
The modal auxiliaries

1. Die gebräuchlichsten Formen

***Present-tense*-Formen**				***Past-tense*-Formen**			
Bejahte Lang- und Kurzformen		**Verneinte Lang- und Kurzformen**		**Bejahte Lang- und Kurzformen**		**Verneinte Lang- und Kurzformen**	
can		cannot	can't [kɑ:nt]	could		could not	couldn't
may		may not		might		might not	mightn't
must		must not	mustn't ['mʌsnt]				
need		need not	needn't				
will	'll	will not	won't [wəʊnt]	would	'd	would not	wouldn't
shall		shall not	shan't [ʃɑ:nt]	should		should not	shouldn't
				ought to		ought not to	oughtn't to

A Zu den selteneren Hilfsverben *used to* und *dare* vgl. § 92 und § 94 A.

2. Besonderheiten der modalen Hilfsverben (Unterschiede zu Vollverben)

Immer mit Infinitiv	
My brother **can speak** Spanish. **May I borrow** your dictionary?	Modale Hilfsverben treten nur in Verbindung mit dem Infinitiv eines Vollverbs auf. Der Infinitiv wird ohne *to* angeschlossen.
You **ought to learn** your French words.	Ausnahmen: *ought to, used to*
⚠ Englisch: I **must go** home now. Deutsch: Ich **muß** jetzt nach Hause (gehen).	Der Infinitiv kann – im Gegensatz zum Deutschen – nicht entfallen.
Kein *-s* bei *he, she, it*	
Bob **can** drive now. Where's the car? – It **must** be in the garage.	Die *present-tense*-Formen haben kein *-s* in der 3. Person Singular.

Fehlende Formen – Ersatzformen

You **can't** go to school with a temperature. But I expect you'**ll be able to** go back on Monday.
I really **must** go to bed. I feel terrible.
We **had to** call the doctor in the middle of the night.

Die modalen Hilfsverben haben nur eine oder zwei Zeitformen (meist *present tense* und *past tense*, vgl. Abschnitt 1). Für die fehlenden Zeitformen treten Verben mit ähnlicher Bedeutung ein, die sogenannten Ersatzformen.

Die Benutzung der *past–tense*–Formen

Could you tell me the way to the harbour, please? Könnten Sie mir bitte sagen ...?
Would you please drive a bit more slowly here? We **might** miss the turning. Würdest du bitte hier etwas langsamer fahren? Wir könnten ... verpassen.

Die *past-tense*-Formen beziehen sich meist nicht auf die Vergangenheit, sondern entsprechen deutschen Konjunktiven (*könnte, würde* usw.). (Zu *past-tense*-Formen mit echtem Vergangenheitsbezug vgl. § 88, 91, 92.)

Verbindungen wie *should have done*

We **should have got up** earlier. I can see that now. Wir hätten früher aufstehen sollen.
You **needn't have collected** me at the airport, I **could** easily **have taken** a taxi.

Zum Bezug auf Vergangenes wird oft der Infinitiv Perfekt eines Vollverbs (*have + past participle*) an ein modales Hilfsverb angeschlossen. Auch diese Verbindung entspricht häufig einem deutschen Konjunktiv (*hätte ... sollen* usw.).

87 Modale Hilfsverben und Sprechabsichten
Modal auxiliaries and speech intentions

You may ... *You mustn't ...* *You can ...* *You must ...*

Modale Hilfsverben bringen meist eine persönliche Einstellung zum Ausdruck. Typische Sprechabsichten sind:

- um etwas bitten
- etwas erlauben
- etwas verbieten
- jemand zu etwas auffordern
- jemand eine Pflicht erlassen
- jemand etwas raten
- jemand tadeln
- eine Annahme ausdrücken: Der Sprecher hält etwas für
  - sicher
  - wahrscheinlich
  - möglich

Will/Would/Can/Could you do me a favour?
Can/Could/May/Might I use your telephone?
You **can/may** come in now.
Can/May I go now? – No, you **can't/may not**.
You **mustn't** wake the baby.
You **must** tell me the truth.
You **needn't** wash up today. I'll do it.
You **should/ought to** take an extra pullover.
You **shouldn't/oughtn't to** go to bed so late.

There's someone at the door. – It **must** be the postman.
The phone's ringing again. – It'**ll** be John.
Sue wasn't at work today. She **may/might/could** be ill.

§ 88 *Can/could*

Fähigkeit: *can/can't, could/couldn't* **Ersatzform: *be able to***	
Present tense	I **can** understand French when it's spoken slowly, but I **can't** understand Spanish at all. Ich kann Französisch verstehen, ..., aber ich kann überhaupt kein Spanisch verstehen.
Past tense	We **couldn't** understand what the policeman said. Wir konnten nicht verstehen, ...
Andere Zeitformen	Ellen **has been able to** speak Italian since she was a small child. Ellen kann seit ihrer Kindheit Italienisch sprechen.

Wie ‚können' im Deutschen kann das Hilfsverb *can* eine Fähigkeit ausdrücken (Verneinung: *cannot/can't*).

Die *past-tense*-Formen lauten *could/ couldn't.*

In den anderen Zeitformen benützt man als Ersatzform *be able to.*

A I don't speak much Greek, but **I'm able to** explain what I want most of the time.
..., aber ich kann meistens erklären / es gelingt mir meistens, zu erklären, ...
The banks were closed, but we **were able to** change some money at the hotel.
..., aber wir konnten etwas Geld im Hotel wechseln.

Be able to kann auch im *present tense* und *past tense* verwendet werden. *Be able to* wird häufig im Sinn von ‚etwas wird erreicht', ‚etwas gelingt' gebraucht.

Bitte: *Can ...?/Could ...?*   **Erlaubnis/Verbot: *can/can't***
Can/Could you lend me five pounds? Kannst/Könntest du mir fünf Pfund leihen?   **Can/Could** I park the car here? – No, I'm afraid you **can't**. Kann/Könnte ich den Wagen hier parken?   You **can** use the telephone over there.   You **can't** sit at this table, madam. It's reserved.   I don't think we'**ll be allowed to** take the dog into the hotel dining–room. Ich glaube nicht, daß wir den Hund mit in den Speisesaal nehmen dürfen.

Durch Fragen mit *can* und *could* kann man
– jemanden bitten, etwas zu tun,
– um eine Erlaubnis bitten.
Mit *can* und *can't* kann man auch eine Erlaubnis geben oder ein Verbot aussprechen.
In den fehlenden Zeiten verwendet man (im Sinne von ‚die Erlaubnis haben') die Ersatzform *be allowed to* (vgl. § 89).

A 1 I'm not sure whether we're going the right way. – Well, we **could** ask that policeman over there.

Mit *could* kann man auch einen Vorschlag ausdrücken.

A 2 Surely this **can't** be the way to the beach?

Mit *can't* kann man auch ausdrücken, daß man etwas für unmöglich hält.

89 May/might/mustn't

Erlaubnis: *may* Verbot: *may not, mustn't* } **Ersatzform:** ***be allowed to***		
Present tense	**May** I borrow your biro? – Yes, of course you **may**. Darf ich ...? You **may** use a dictionary for this exercise. Ihr dürft ... ein Wörterbuch benutzen.	*May* gebraucht man, wenn man um Erlaubnis bittet und wenn man sie gibt, also vor allem in Fragen und Antworten auf diese Fragen. (In sehr höflichen Bitten kann man auch *might* verwenden: ***Might** I ask you a question?)*
	Martin Berry has got a pet alligator. **May** I have one too? – No, you certainly **may not**. Nein, das darfst du auf keinen Fall.	Auch *may not* wird vorwiegend in Kurzantworten verwendet, d.h. wenn man eine Erlaubnis verweigert und damit ein Verbot ausspricht.
	You **mustn't** give a dog chicken bones. Man darf einem Hund keine Hühnerknochen geben.	Sonst verwendet man für ein Verbot eher *mustn't.*
Andere Zeitformen	In Oliver Cromwell's time, people **weren't** even **allowed to** play cards. ... durfte man nicht einmal Karten spielen. Women **have been allowed to** vote in Britain since 1918. **We'll be allowed to** listen to a discussion in the House of Commons, but we **won't be allowed to** talk to the Prime Minister, of course.	Im *past tense* und in den anderen Zeitformen gebraucht man als Ersatzform *be allowed to.*

A 1 Only buses **are allowed to** drive along the High Street now. — Nur noch Busse dürfen jetzt ... fahren.
Are we **allowed to** park on this side of the road?
We're going by train after all. John **isn't allowed to** take his parents' car.

Be allowed to kann auch im *present tense* verwendet werden.

A 2 He **may** be ill. He **might** even be in hospital. — Er ist **vielleicht** krank. Er **könnte** sogar im Krankenhaus sein.
He **may not/might not** have got our letter. — Er hat unseren Brief **vielleicht nicht** bekommen.

Mit *may/might* wird auch ausgedrückt, daß etwas möglicherweise der Fall ist. *Might* drückt eine noch geringere Wahrscheinlichkeit aus als *may.*
Die verneinten Formen *may/might not (have)* drücken aus, daß etwas möglicherweise nicht der Fall ist.

90 *Must/needn't*

Notwendigkeit: ***must***	**Ersatzform:** ***have to***	
Present tense	We **must** leave now. We haven't much time before the last bus goes. Wir müssen jetzt gehen. You **must** come and visit us again soon. It's always lovely to see you. Ihr müßt uns bald wieder besuchen.	Mit *must* kann man ausdrücken – daß man etwas für notwendig hält, – daß man jemand zu etwas auffordern will. Zu *must* gibt es nur die *present-tense*-Form.

Andere Zeitformen	There was a railway strike, so we **had to** go to Birmingham by coach. ..., deshalb mußten wir mit dem Bus ... fahren. **Did** you **have to** book seats on the train? The main road to Whitby was closed because of an accident, so we **were forced to** use the coast road. The Wilsons aren't usually late. **I've** never **had to** wait for them before. If we should miss the last bus, we**'d have to** walk three or four miles home.	Im *past tense* muß man eine Ersatzform verwenden. Am häufigsten ist *had to*. Die Frage wird mit *did ... have to* gebildet (*do*-Umschreibung!). Weitere Ersatzformen sind *was/were forced to, was/were obliged to*. Auch in den anderen Zeitformen wird meist eine Form von *have to* verwendet.

A 1 Most people **have to** get up early on weekdays. — Die meisten Leute müssen ... früh aufstehen.
When **have** you **got to** leave tomorrow? — Wann mußt du morgen weggehen?

Have to kann auch im *present tense* verwendet werden. Daneben ist im *present tense* auch *have got to* möglich.

A 2 It's five o'clock – the match **must** be nearly over.
Listen to the noise – our team **must** have won.

Must drückt hier eine Art Schlußfolgerung aus: Man hält etwas für so gut wie sicher.
In dieser Bedeutung kann *must* nicht durch *have to* ersetzt werden.

Keine Notwendigkeit: *needn't* Ersatzform: *not + have to*		
Present tense	You **needn't** take me home. I can get a bus. Du brauchst mich nicht heimzubringen. It's lucky that I **needn't** cycle to school in this rain.	*Needn't* drückt aus, daß jemand etwas nicht für notwendig hält. Zu *needn't* gibt es nur die *present–tense–*Form.
Andere Zeitformen	We went into a first class compartment, but we **didn't have to pay** extra. ..., aber wir brauchten nicht extra zu bezahlen. Why don't you take the ferry from Harwich? Then you **wouldn't have to** drive all the way to Dover.	Im *past tense* verwendet man als Ersatzform gewöhnlich *didn't have to*. Auch in den anderen Zeitformen werden meist Formen von *have to* gebraucht.

⚠ Beachte:
You must = Du mußt
You mustn't = Du darfst nicht
You needn't = Du mußt nicht/ Du brauchst nicht

Auf die Frage *Must I ...?* lautet die Kurzantwort *Yes, you must* oder *No, you needn't*.

A Zu *need* als Vollverb vgl. § 94.

'You mustn't climb up there. It's dangerous.'

'You needn't walk up the stairs, madam. There's a lift over there.'

91 *Will/would* und die Entsprechungen zum deutschen *wollen*
Will/would and verbs corresponding to the German *wollen*

Bereitschaft: *will/would*

Will you set the table while I'm making the salad? Würdest du den Tisch decken, ...?
Would you help me with the cooking today, please? Würdest du mir heute beim Kochen helfen?

Mit *will/would you* fragt man höflich, ob jemand bereit ist, etwas zu tun. Dadurch äußert man eine Bitte. Dabei klingt *would* noch höflicher als *will*.

Don't worry about supper for me. **I'll** make myself a sandwich when I get back. ... Ich mache mir ein belegtes Brot, ...

Mit *I'll* (oder *we'll*) kann man ausdrücken, daß man selbst bereit ist, etwas zu tun (vgl. § 66).

Dinner at the Royal would be pretty expensive. I don't know whether Dad **is prepared to** pay that much. Ich weiß nicht, ob Papa bereit ist, ...
John's parents **were willing to** take us to the dance in their car. Johns Eltern waren bereit, ...

In den anderen Personen und Zeitformen kann man Bereitschaft durch *be willing to* oder *be prepared to* ausdrücken.

Wunsch: *would like to, want to*

I'd like to get a job again this summer. Ich würde gern ... eine Arbeit annehmen.
What **would** you **like to** do? Was möchtest du tun?
Would you **like to** work in my uncle's office? I'm sure he **would like to** give you a job.

Durch *would like to* (Kurzform *I'd like to/he'd like to* usw.) kann man einen Wunsch ausdrücken oder erfragen.
Fragen mit *would you like to* sind oft Einladungen oder Angebote.

Philip **wants to** sit in the front row.
Do you **wish to** collect the tickets before the show? Wünschen Sie, die Karten ... abzuholen?
We **wanted to** get to the theatre in good time. Wir wollten rechtzeitig ins Theater kommen.
I **have** always **wanted to** see a Broadway musical.

Auch durch *want to* oder *wish to* (seltener) kann man Wünsche ausdrücken oder erfragen. *Want* und *wish* können alle Zeitformen bilden und daher auch z. B. frühere Wünsche wiedergeben.

⚠ *I'd like to* ... und *Would you like to ...?* wirken höflicher als *I want to* ... und *Do you want to ...?*
I wish to ... und *Do you wish to ...?* wirken förmlich.

Weigerung: *won't, wouldn't*

John has asked me to lend him my cassettes, but I **won't**. ..., aber das werde ich nicht tun.

I wanted to borrow my sister's walkman, but she **wouldn't** let me have it. ..., aber sie wollte ihn mir nicht geben.

Mit *won't/wouldn't* kann man eine Weigerung ausdrücken. *Won't* bezieht sich auf die Gegenwart oder Zukunft.
Wouldn't wird hier als echte *past-tense*-Form in der Bedeutung ‚wollte nicht' verwendet.

My parents **have** always **refused to** buy a video recorder. They say we all watch too much TV anyway. Meine Eltern wollten nie ... kaufen.
Alan **will** never **be prepared to** lend you his new camera. You know what he's like! Alan wird bestimmt nicht bereit sein, dir ... zu leihen.

In den anderen Zeitformen verwendet man *refuse to* oder die verneinten Formen von *be prepared to, want to.*

A Where's Jack? – He'**ll** be in the garden. I expect he **will** have planted the roses by now.
Er wird im Garten sein. Er wird wohl inzwischen die Rosen gepflanzt haben.

Will kann auch eine Annahme ausdrücken.

§ 92 *Used to*

'That's strange. There used to be a bridge here ...'

Früherer Zustand, frühere Gewohnheit: *used to* + Infinitiv
There **used to** be a shoe factory on that side of the road. **Früher** war auf der anderen Straßenseite eine Schuhfabrik. My sister and I **used to** walk past it on our way to school. Meine Schwester und ich gingen ... **immer** daran vorbei. In those days, Southfield Park **used to** be a girls' grammar school. Damals war Southfield Park ein Gymnasium für Mädchen.

Von *used to* gibt es nur die *past-tense*-Form, keine *present-tense*-Form.
Used to wird im Deutschen oft durch *früher* oder *immer* wiedergegeben.

In manchen Fällen wird *used to* nicht übersetzt.

A 1 Life **used not to** be easy a hundred years ago.
People **didn't use to** have much free time.
Most people **never used to** have a holiday.

Used to kann auf verschiedene Arten verneint werden,
z.B. durch *used not to, didn't use to* oder *never used to*.

A 2 My great-grandfather **would** get up at five o'clock every morning.
Mein Urgroßvater stand (gewöhnlich) jeden Morgen um fünf Uhr auf.

Eine frühere Gewohnheit kann auch durch *would* wiedergegeben werden. *Would* ist – im Gegensatz zu *used to* – nur bei Verben möglich, die eine wiederholbare Tätigkeit beschreiben.

§ 93 *Shall/should/ought to/be to* als Entsprechungen zum deutschen *sollen*
Shall/should/ought to/be to corresponding to the German *sollen*

Wunsch/Vorschlag: *Shall I ...? Shall we ...?*
Shall I make the sandwiches? **Shall we** put the drinks in this basket?

Mit *Shall I ...?* und *Shall we ...?* kann man einen Wunsch erfragen oder einen Vorschlag machen.

Rat/Ermahnung/Pflicht: *should/ought to*

You **shouldn't** drink so much coffee, you know.
John really **ought to** leave some of those super cheese sandwiches for the rest of us.

Should und *ought to* entsprechen dem deutschen *sollte (eigentlich).*

Have an egg. Oh dear, we **should have** remembered to pack salt and pepper.
I **shouldn't have** eaten so much – but everything tasted so delicious!

Die Formen *should have/ought to have + past participle* entsprechen dem deutschen *hätte sollen.* Sie weisen darauf hin, daß etwas versäumt oder falsch gemacht wurde.

Auftrag/Anweisung/Vereinbarung: *be to*

Can you lend me your list of youth hostels? I **am to** make the reservations for the whole group. Ich soll (Ich habe den Auftrag) ...
I've just talked to the warden on the phone. We'**re to** bring our own sleeping bags, as they don't provide them at the hostel.

Mit *be to* kann man ausdrücken, was jemand bestimmt oder angeordnet hat.

The coach **was to** leave at nine o'clock, but we didn't actually set off till half past. Der Bus sollte um neun Uhr abfahren (es war so vereinbart), ...

Auch ein (von anderen) vereinbarter Plan kann durch *be to* wiedergegeben werden.

'You see, we ought to have taken the motorway.'

1 New York **is supposed to/is said to** be one of the most exciting cities in the world.

Dem deutschen *soll angeblich* entsprechen im Englischen die Wendungen *be supposed to* oder *be said to* (vgl. § 81).

2 It's best that the girls **should** share the double room on the first floor.
Es ist am besten, wenn die Mädchen das Doppelzimmer im ersten Stock teilen.
How strange that the Hayletts **should** have booked at our hotel.
Wie seltsam, daß Hayletts in unserem Hotel gebucht haben.

Should erscheint auch in *that*-Sätzen nach Ausdrücken, die eine persönliche Stellungnahme wiedergeben.
In diesen Fällen wird *should* nicht ins Deutsche übersetzt.

§ 94 *Need* und *dare* als Hilfsverben und Vollverben
Need and *dare* used as auxiliary verbs and as main verbs

1. Need

***Need* als Hilfsverb:** **nur in Frage und Verneinung**	***Need* als Vollverb:** **auch im bejahten Satz**
Need I fill in this form? Tell Paul he **needn't** write a letter. He can ring up instead. The waiting-room is empty. We **needn't have** made an appointment. ... Wir hätten uns nicht anzumelden brauchen.	**Do** we **need to** finish all this today? A lot of work still **needs to** be done. There was plenty of time, so we **didn't need to** hurry. ..., deshalb brauchten wir uns nicht zu beeilen.
Als Hilfsverb kommt *need* nur in Fragesätzen und verneinten Sätzen vor. Weitere Merkmale: – Keine *do*-Umschreibung. – Kein *-s* in der 3. Person Singular. – Der Infinitiv wird **ohne** *to* angeschlossen. – Es gibt nur die Form *need* und die Zusammensetzung *need (not) have done/made* usw.	Als Vollverb kommt *need* auch in bejahten Aussagesätzen vor. Weitere Merkmale: – *Do*-Umschreibung in Frage und Verneinung. – 3. Person Singular auf *-s*. – Der Infinitiv wird **mit** *to* angeschlossen. – Es können alle Zeitformen gebildet werden.

2. Dare

***Dare* als Hilfsverb:** **nur in Verneinung und Frage**	***Dare* als Vollverb:** **hauptsächlich in Verneinung und Frage**
I **daren't** ski down here – look how icy it is! We had planned to climb all the way to the top, but in the end **none** of us **dared** go on. **How dare you** camp in this field?	**Did** you actually **dare to** walk onto the tennis court in the middle of the match? I'd love to have a game with Christine, but she plays so well, I **wouldn't dare to** ask her. The new coach isn't very good, but **nobody dares to** say so.
Als Hilfsverb kommt *dare* nur in verneinten Sätzen und Fragen (v. a. mit *how*) vor. Neben der Form *dare* gibt es noch die seltene *past-tense*-Form *dared.* Ansonsten gelten dieselben Regeln wie für *need* als Hilfsverb (keine *do*-Umschreibung usw.).	Auch als Vollverb kommt *dare* hauptsächlich in verneinten Sätzen und Fragen vor (jedoch nie in Fragen mit *how!*). Ansonsten wird *dare* als Vollverb wie jedes andere Vollverb gebraucht (*do*-Umschreibung, *-s* in der 3. Person Singular usw.).

Kapitel 11: Das Verb und seine Ergänzungen
The verb and its objects and complements

95 Verben ohne Objekt und Verben mit Objekt
Verbs without an object and verbs with an object

Subjekt	Verb		Subjekt	Verb	Objekt
He	**was reading.**		He	**was reading**	**a book.**

Die meisten englischen Verben können wie *read, write, eat* usw. entweder ohne Objekt (intransitiv) oder mit Objekt (transitiv) verwendet werden. Die Bedeutung ist in beiden Fällen dieselbe.
Anders verhält es sich mit folgenden Verben:

Leicht verwechselbare Verben wie *lie* – liegen / *lay* – legen

Verb ohne Objekt	Verb mit Objekt
After lunch Dad **lay** on the sofa for half an hour. Nach dem Mittagessen lag Papa ... auf dem Sofa.	He **laid** *his hand* on my shoulder. Er legte mir die Hand auf die Schulter.
Formen: **lie** [laɪ] – **lay** [leɪ] – **lain** [leɪn] *(liegen)*	Formen: **lay** [leɪ] – **laid** [leɪd] – **laid** *(legen)*
Mrs Jacobs **rose** to meet us when we entered the room. ... erhob sich...	He **raised** *his glass* and wished us a happy New Year. Er erhob sein Glas ...
Formen: **rise** [raɪz] – **rose** [rəʊz] – **risen** ['rɪzn] *(sich erheben)*	Formen: **raise** [reɪz] – **raised** [reɪzd] – **raised** *(etw. erheben)*
May I **sit** here? Or is this seat reserved? Darf ich mich hier hinsetzen?	You've got to get up early tomorrow, so don't forget to **set** *your alarm clock*. Vergiß nicht, deinen Wecker zu stellen.
Formen: **sit** – **sat** –**sat** *(sitzen, sich setzen)*	Formen: **set** – **set** – **set** *(etw. setzen, stellen)*
What's all that noise? – Little Johnny has **fallen** off the sofa. ... ist vom Sofa gefallen.	Our view down to the river is much better now that they've **felled** *those big trees*. ..., seit sie diese großen Bäume gefällt haben.
Formen: **fall** – **fell** – **fallen** *(fallen)*	Formen: **fell** – **felled** – **felled** *(fällen)*

Verben mit zwei Bedeutungen: ‚etwas selbst tun' / ‚veranlassen, daß etwas geschieht'

Verb ohne Objekt	Verb mit Objekt
Tomatoes **grow** well in the Channel Islands. ... wachsen ... gut. We'll catch the bus all right if we **run**. ... wenn wir laufen. I'm afraid the cassette-recorder you lent me doesn't **work**. Der Kassettenrecorder ... funktioniert leider nicht.	Our neighbours **grow** *a lot of vegetables* in their garden. ... bauen viel Gemüse an(‚lassen es wachsen'). My uncle **runs** *a big holiday camp*. ... leitet ein großes Feriencamp (‚sorgt dafür, daß es funktioniert'). I hear you've got a new computer. Can you **work it** yet? Kannst du ihn schon bedienen (‚zum Funktionieren bringen')?

A I've **put** your magazines on the table over there.	Ich habe deine Zeitschriften auf den Tisch ... **gelegt.**
Lunch is ready. – I'll **put** baby Jo in her highchair.	... – Ich **setze** Klein-Jo in ihren Hochstuhl.
Could you **put** those wine glasses in the cupboard?	Könntest du diese Weingläser in den Schrank **stellen**?

Dem deutschen *setzen, stellen* oder *legen* entspricht im Englischen meist das Verb *put.*

§ 96 *Phrasal verbs*

Subjekt	Verb	Präposition	Objekt
She	**looked**	**at**	her watch.

Subjekt	Verb	Adverb	Objekt
She	**took**	**off**	her coat.

Von einem *phrasal verb* sprechen wir, wenn das Verb fest mit einer Präposition (*at, to, into* usw.) oder einem kurzen Adverb (*off, up, away* usw.) verbunden ist.

Verb + Präposition/Adverb als feste Verbindung

Dad stopped at the side of the road and **looked at** the map.	... schaute ... an.
Where are the car keys? Peter's **looking for** them.	... sucht ...
Barbara **looked after** the cat while we were away.	... kümmerte sich um ...
I'm really **looking forward to** our trip to Scotland.	Ich freue mich ... auf ...
The plane is **taking off**.	... startet.
Travelling **takes up** a lot of my father's time.	... nimmt ... in Anspruch.
John **takes after** his grandfather in many ways.	... ähnelt/schlägt ... nach ...
Mum has **taken on** a lot of extra work recently.	... hat ... übernommen.
Where's Sally? – She's **taking** the papers **round.**	... trägt ... aus.

Viele Verben können mit unterschiedlichen Präpositionen oder Adverbien verbunden werden. Die Bedeutung ist dann jeweils eine ganz andere.

Weitere häufige *phrasal verbs* sind:

get in	einsteigen (in)	*put on*	anziehen
get off	aussteigen (aus)	*put out*	löschen (Feuer)
get on with	zurechtkommen mit	*put through*	verbinden (am Telefon)
get over	hinwegkommen über	*put off*	verschieben
give away	verschenken	*put up*	aufstellen
give up	aufgeben	*put up with*	sich abfinden mit
look out for	Ausschau halten nach	*ring up*	anrufen
look up	nachschlagen (im Lexikon)	*take along*	mitnehmen
make up	erfinden	*take to*	(auf Anhieb) mögen
pick out	aussuchen	*wait for*	warten auf
pick up	aufheben, sich aneignen	*wake up*	aufwachen, wecken
		wash up	spülen, abwaschen

'It's difficult at first. But you'll soon pick it up.'

A

I'm sure	he's **made**	**up**	***the story.***		Ich bin sicher, daß er sich die Geschichte ausgedacht hat.
	he's **made**		***the story***	**up.**	

Aber nur:

I'm sure	he's **made**		***it***	**up.**

Bei einem *phrasal verb* mit Adverb (*off, out, up, away* usw.) und Objekt gibt es verschiedene Stellungsmöglichkeiten:
Ist das Objekt ein Nomen, so kann das Adverb vor oder nach diesem Objekt stehen.
Ist das Objekt jedoch ein Personalpronomen, so steht das Adverb immer dahinter.

97 Verben mit zwei Objekten
Verbs with two objects

1. Verben wie *give*

	Subjekt	Verb		Direktes Objekt (‚Sachobjekt')	
1.	Mr Miller	gave	the waiter	a ten-pound note.	
2.	Mr Miller	gave		a ten-pound note	to the waiter.

Indirektes Objekt (‚Personenobjekt')

Verben wie *give* haben zwei Objekte: ein direktes Objekt (meist eine Sachbezeichnung) und ein indirektes Objekt (meist eine Personenbezeichnung).
Diese Objekte können auf zweierlei Weise an das Verb angeschlossen werden:
1. Das indirekte Objekt steht ohne Präposition vor dem direkten Objekt.
2. Das indirekte Objekt steht mit der Präposition *to* hinter dem direkten Objekt.

Wie *give* werden vor allem folgende Verben verwendet:

bring (herbringen)
take (hinbringen)
hand (reichen)
lend
offer
pass (reichen)
promise (versprechen)
sell
send
show
write

'Take this cake to Grandmother.'

'Oh, you've brought me a cake. How nice!'

Stellung der Objekte: abhängig von ihrer Länge und Betonung

The shop assistant showed Sarah (**Indirektes Objekt**) lots of pretty blouses (**Direktes Objekt**).

She sold fifty postcards (**Direktes Objekt**) to a group of American tourists from Texas (**Indirektes Objekt**).

Normalerweise steht das längere der beiden Objekte am Ende.

They've sent my brother (**Indirektes Objekt**) a record (**Direktes Objekt (betont)**) (and not the cassette that he had asked for).

While we were away, the postman handed all our letters, newspapers and parcels (**Direktes Objekt**) to the neighbours (**Indirektes Objekt (betont)**).

Ist eines der Objekte stärker betont als das andere (z. B. weil es einen Gegensatz ausdrückt), so steht es am Ende, auch wenn es kürzer ist als das andere.

A 1 What have you done with that magazine I lent you? – I've given **it *to* my sister.**
Can I see your photos of Wales? – Of course. I'll show **them *to* you** now.

Ist das direkte Objekt ein Pronomen, das sich auf eine Sache bezieht (*it* oder *them*), so steht das indirekte Objekt gewöhnlich mit *to* dahinter.

A 2 She bought **her cat** some fish, and she got some bones ***for* the dog.**
Sie kaufte ihrer Katze etwas Fisch und sie holte ein paar Knochen für den Hund.

Bei *get* (holen), *buy, make* und *order* kann das indirekte Objekt ebenfalls vor oder nach dem direkten Objekt stehen. Steht es dahinter, so wird es jedoch nicht mit *to*, sondern mit *for* angeschlossen.

2. Verben wie *explain*

Subjekt	**Verb**	**Direktes Objekt** (‚Sachobjekt')	**Indirektes Objekt** (‚Personenobjekt')
The teacher	explained	the meaning of the poem	**to** the pupils.

Indirektes Objekt (immer mit *to*) nach dem direkten Objekt

Dr Fairweather **described the effects of the medicine *to* my mother.**
... beschrieb meiner Mutter die Wirkungen des Medikaments.
Did he say anything about the new pills? – No, he didn't **mention them *to* me.**
Nein, er hat sie mir gegenüber nicht erwähnt.
May I **suggest something *to* you**?
Could you please **dictate that sentence *to* us** again?

Bei Verben wie *explain* oder *describe* wird das indirekte Objekt (das ‚Personenobjekt') immer mit *to* angeschlossen. Es steht normalerweise nach dem direkten Objekt.

Zu dieser Gruppe von Verben gehören:

announce	ankündigen	*describe*	beschreiben	*introduce*	vorstellen	*say*	sagen
deliver	liefern	*dictate*	diktieren	*mention*	erwähnen	*suggest*	vorschlagen

⚠ He didn't { **tell *us*** anything / **say** anything ***to us*** } about his plans.

An *tell* wird das Personenobjekt direkt angeschlossen,
an *say* wird es mit *to* angeschlossen.

A 1 The headmaster explained ***to* the parents** (**Indir. Objekt**) the main advantages of the new examination system. (**Direktes Objekt**)

Die Reihenfolge *indirektes Objekt* (mit *to*!) – *direktes Objekt* kommt vor, wenn das direkte Objekt besonders lang ist oder besonders hervorgehoben werden soll.

A 2 Zum Passiv bei Verben mit zwei Objekten vgl. § 80.

§ 98 Verben mit Objekt + Ergänzung
Verbs with object + object complement

Subjekt	**Verb**	**Objekt**	**Ergänzung** (zum Objekt)
The settlers	called	**America**	**the New World.**
Many of them	found	**life**	**hard.**

Bei bestimmten Verben steht nach dem direkten Objekt noch eine Ergänzung zu diesem Objekt.
Diese Ergänzung kann ein Nomen oder ein Adjektiv sein.

Anschluß der Ergänzung mit oder ohne Präposition

The gold in California attracted thousands of pioneers, but it didn't **make** them all **rich**.
Today many people still **regard** America **as the land of endless opportunities.**
The Americans **chose** George Washington **as their leader** during the War of Independence.
Later they **elected** him **President**, and after his death they **called** their new capital city **Washington** after him.

Die Ergänzung wird bei manchen Verben mit, bei anderen ohne Präposition angeschlossen.

Ohne Präposition:	Mit Präposition (*as* oder *for*):
make *(someone happy)*	***regard*** *(s.th.)* ***as*** *(certain)*
find *(something interesting)*	***recognize*** *(s.th.)* ***as*** *(a fact)*
call *(s.o. a snob)*	***think of*** *(s.th.)* ***as*** *(natural)*
think *(s.o. intelligent)*	***look upon*** *(s.o.)* ***as*** *(a hero)*
appoint *(s.o. captain)*	***choose*** *(s.o.)* ***as*** *(one's leader)*
elect *(s.o. president)*	***take*** *(s.o.)* ***for*** *(a fool)*

A Most settlers **considered** it **(as) their right** to take land belonging to the Indians.

An *consider* kann die Ergänzung mit oder ohne *as* angeschlossen werden.

9 Verbale Ausdrücke für deutsche Adverbien
Verbal expressions for German adverbs

Eine persönliche Einstellung zu einem Geschehen drückt man im Deutschen häufig durch ein Adverb aus, während man im Englischen ein Verb oder eine Verbindung aus Verb + Adjektiv benutzt.
Je nach Art des verbalen Ausdrucks folgt als Ergänzung eine *-ing*-Form, ein *that*-Satz oder ein Infinitiv.
Die folgende Übersicht zeigt die wichtigsten Bedeutungen, die im Deutschen durch Adverbien, im Englischen durch verbale Ausdrücke wiedergegeben werden:

Vorliebe und Abneigung: *be fond of/like/hate/...* + *-ing*-Form

Kate **is fond of** sing**ing** Irish folk songs. She **likes** play**ing** the guitar, too.	Kate singt **gern** irische Volkslieder. Sie spielt auch **gern** Gitarre.
I **hate** writ**ing** letters, I **prefer** ring**ing** my friends up.	Ich schreibe **sehr ungern** Briefe, ich rufe meine Freunde **lieber** an.
Patrick **loves** walk**ing** in the mountains. He **enjoys** climb**ing**, too.	Patrick macht **sehr gern** Bergwanderungen. Er klettert auch **gern.**

Bedauern, Hoffnung, Vermutung: *I'm afraid/I hope/I suppose/...* + *that*-Satz

I'm afraid (that) I can't come with you on Saturday.	Ich kann am Samstag **leider** nicht mitkommen.
I hope you have a great time.	**Hoffentlich** habt ihr viel Spaß.
I suppose we'll be back quite late.	Wir kommen **vermutlich** ziemlich spät zurück.

Gewißheit, Wahrscheinlichkeit, Zufälligkeit: *be sure to/be likely to/seem to/happen to/...* + Infinitiv

We**'re sure to** win the match next weekend. I think we**'re certain to** get into the next round.	Wir werden das Spiel ... **sicher** gewinnen. Ich glaube, wir kommen **bestimmt** ...
The weather **is likely to** stay fine. Summer **seems to** have come at last.	Das Wetter bleibt **wahrscheinlich** schön. Der Sommer ist **anscheinend** endlich gekommen.
There are a lot of cars outside the Browns'. They **appear to** have visitors.	... Sie haben **anscheinend** Besuch.
I **happened to** meet some old friends of mine at Dave's birthday party.	Ich traf **zufällig** ein paar alte Freunde ...

Zu Passivkonstruktionen mit Infinitiv wie *be said to, be supposed to* im Sinn von *angeblich, vermutlich* vgl. § 81.

Fortdauer einer Handlung oder Gewohnheit: *go on/keep (on)* + *-ing*-Form

I told the boys to come to the table, but they just **went on** play**ing** football.	..., aber sie spielten einfach **weiter** Fußball.
No wonder you're always tired. You **keep** go**ing** to bed so late.	... Du gehst **dauernd** so spät ins Bett.

Zur Konstruktion *used to* + Infinitiv als Entsprechung zu *früher* oder *immer*, vgl. § 92.

'We seem to have lost our way!'

Kapitel 12: Der Infinitiv
The infinitive

.00 Formen und Funktionen des Infinitivs (Übersicht)
Forms and functions of the infinitive

1. Formen

Der Infinitiv gehört wie das *gerund* und das Partizip zu den infiniten Formen des Verbs (vgl. § 112 und § 121). Die infiniten Verbformen enthalten im Gegensatz zu den finiten Verbformen keine Angaben zur grammatischen Person und Zahl:

Carol	**travels**	a lot.	Finite Verbform (3. Person Singular)
Carol wants	**to travel**	all over the USA.	Infinitiv

Der Infinitiv kann von allen Verben außer den modalen Hilfsverben (*can, must* usw.) gebildet werden. Er kann mit oder ohne *to* erscheinen.

Alan *wants* **to join** the orchestra.	Der Infinitiv mit *to* steht nach vielen Vollverben.
Peter *can* **play** the piano. His parents *made* him **learn** the violin. Why don't they *let* Sally **take** singing lessons?	Der Infinitiv ohne *to* steht – nach den meisten modalen Hilfsverben (vgl. § 86), – nach einigen anderen Verben wie *make* und *let* (vgl. § 105)
I'd rather **play** the guitar than the piano. *We'd better* **practise** this piece again together before the concert.	– nach Wendungen wie *I would rather* (ich würde lieber), *I had better* (ich sollte lieber).
Your old cello could **be repaired**, couldn't it? Concerts like this ought **to be advertised** better.	Die Passivform des Infinitivs wird gebildet aus *(to) be + past participle.*

A 1 Seltenere Formen:

I've just heard from the Jacksons. They seem **to be having** a great time in Colorado.	*progressive form* des Infinitivs: *(to) be + present participle*
The Whites' luggage has gone. They appear **to have left** already. The beds ought **to have been made** before the guests arrived.	Perfektformen des Infinitivs: – Aktiv: *(to) have + past participle* – Passiv: *(to) have been + past participle*

A 2 We decided **not to go** to the concert after all. — Wir entschlossen uns, doch nicht ... zu gehen.

Wenn nur der Infinitiv und nicht der ganze Satz verneint wird, so wird dem Infinitiv *not* vorangestellt.

2. Funktionen im Satz

Infinitivkonstruktionen können im Satz verschiedene Funktionen erfüllen, vor allem solche, die auch ein Nomen erfüllen kann. Sie erscheinen

Subjekt

To sail across the Atlantic The voyage across the Atlantic	was an enormous adventure in the days of Columbus.	– als Subjekt (selten)

Objekt

Sailors in those days did not expect	**to travel in comfort.** a comfortable journey.	– als Objekt

Infinitivkonstruktionen erscheinen im Satz außerdem

	Adverbiale Bestimmung	
The old sailing ships took weeks	**to get to America.** for the voyage to America.	– als adverbiale Bestimmung

	Attribut		
The best time	**to start** for the journey	was the early summer.	– als Attribut zu einem Nomen (hier: *time*)

3. Die Verwendung der Passivformen des Infinitivs

He decided **to call** the police.
(Vgl.: He **called** the police.)
They asked **to be informed** at once.
(Vgl. They **were informed** at once.)

Der Infinitiv erscheint meistens in der Aktivform.

Die Passivform wird nur gebraucht, wenn man auch im einfachen Satz eine passive Verbform verwenden würde.

Large cities usually have a high crime rate. But that is, of course, **to be expected.**
Aber das ist natürlich **zu erwarten.**
It remains **to be seen** whether traffic on this road will be less heavy when the new motorway is finished. Es bleibt **abzuwarten,** ob ...

Auch nach den Verben *be* und *remain* steht die Passivform des Infinitivs, wenn die Bedeutung passivisch ist.
Im Deutschen steht hier trotz des passivischen Sinns die Aktivform des Infinitivs.

§ 101 Die ‚Objekt + Infinitiv'-Konstruktion
The 'object + infinitive' construction

	Objekt +	Infinitiv	
Dad wants		**to cut the hedge.**	Papa möchte (selbst) die Hecke schneiden.
	Mark	**to cut the hedge.**	Papa möchte, daß Mark die Hecke schneidet.

Auf Verben wie *want* kann der Infinitiv direkt folgen (vgl. § 103). Zwischen Verb und Infinitiv kann aber auch ein ‚Objekt' eingeschoben werden (hier ein Nomen: *Mark*). Dieses kann als Sinnsubjekt der Infinitivkonstruktion betrachtet werden.

Dad wants ***me*** **to cut the hedge.** — Papa möchte, daß ich die Hecke schneide.

Wird statt eines Nomens ein Personalpronomen eingeschoben, so hat es die Objektform (hier: *me*). Daher wird diese Konstruktion auch ‚Objekt + Infinitiv'-Konstruktion (oder ‚AcI'-Konstruktion) genannt.

02 Die Infinitivkonstruktion mit *for*
The infinitive construction with *for*

		Infinitiv	
It is important		**to send those letters off today.**	Es ist wichtig, diese Briefe heute abzusenden.
It is important	***for those letters***	**to arrive tomorrow.**	Es ist wichtig, daß diese Briefe morgen ankommen.
	for **+ Objekt +**	**Infinitiv**	

Hasn't the postman come yet? It's unusual ***for him*** **to be late.** — Es ist ungewöhnlich, daß er zu spät kommt.

It's normal ***for letters and cards*** **to take longer at Christmas time.** — Es ist normal, daß Briefe in der Weihnachtszeit länger brauchen.

Nach Ausdrücken wie *it is important, it is unusual, it is normal, it is a pity* kann vor den Infinitiv ebenfalls ein Nomen oder Pronomen (im Objektfall) eingeschoben werden, doch muß es hier mit *for* eingeleitet werden. Im Deutschen entspricht dieser Konstruktion mit *for* meist ein *daß*-Satz.

A Die ‚*for* + Objekt + Infinitiv'-Konstruktion kommt außerdem in folgenden Fällen vor:

Here are some sandwiches ***for you*** **to eat on the journey.**
Hier sind ein paar belegte Brote, die du auf der Reise essen kannst.
This coffee is **too hot** ***for me*** **to drink.**
Dieser Kaffee ist zu heiß, als daß ich ihn trinken könnte.
Judy wants to watch 'The Third Man', but I'm afraid we won't be back **early enough** ***for her*** **to see it.**
... wir kommen nicht so rechtzeitig zurück, daß sie ihn sehen kann.

– zum Ausdruck des Zwecks oder der Folge (besonders in Sätzen mit *too* und *enough*).

We'd better not leave the house yet. I'm still **waiting** ***for Jane*** **to ring up.**
... Ich warte immer noch darauf, daß Jane anruft.
I've **arranged** ***for a taxi*** **to pick you up at nine.**
Ich habe vereinbart/es so eingerichtet, daß ein Taxi euch um neun abholt.

– nach einigen Verben, die auch sonst mit *for* verbunden werden, z. B. *wait for s.th., arrange for s.th.*

03 Der Infinitiv nach Verben, die einen Wunsch oder eine Absicht ausdrücken
The infinitive after verbs expressing a wish or intention

want, wish, like, expect **(+ Objekt) + Infinitiv**

Konstruktion ohne Objekt	**Konstruktion mit Objekt**
We **want to go** up into the mountains this weekend. Wir wollen dieses Wochenende in die Berge fahren. We **expect to leave** early on Monday morning. Steve **would like to fly** to Canada next summer. Please apply immediately if you **wish to take part** in the course.	We **wanted** ***Chris*** **to come** with us, but he can't. Wir wollten, daß Chris mitkommt, ... We **expect** ***the coach*** **to leave** at six thirty. **Would** you **like** ***me*** **to take** you to the airport? There will be a special meeting for parents who **wish** ***their children*** **to take part** in the French exchange.

Nach *want, wish, would/should like* und *expect* kann entweder der Infinitiv allein oder die ‚Objekt + Infinitiv'-Konstruktion angeschlossen werden. (Vgl. § 101.)

A I'm **planning to do** a lot of work these holidays.
Do you still **intend to read** that book I lent you?
I **hope to** finish 'War and Peace' this weekend.

Nach den Verben *plan, intend, hope* kann der Infinitiv nur ohne Objekt angeschlossen werden.
Nach *hope* wird häufig auch ein *that*-Satz benutzt: *I hope (that) you do well in your exam.*

§ 104 Der Infinitiv nach Verben, die eine Aufforderung, einen Rat oder eine Warnung ausdrücken
The infinitive after verbs expressing commands or requests, advice or warnings

tell, ask, advise, warn **+ Objekt + Infinitiv**	
Isn't Dave here yet? I **told *him* to wait** for us outside the cinema.	Ich habe ihm gesagt, er solle vor dem Kino auf uns warten.
I **advise *you* to leave** the car here and go by Underground.	Ich rate euch, den Wagen hierzulassen ...
Where's Julia? Dad **asked *her* to be** back by eleven.	Papa hat sie gebeten, bis elf zurück zu sein.
I **warned *the children* to stand** well back when the train came in.	Ich ermahnte die Kinder, Abstand zu halten, ...
The ticket collector **warned *them* not to open** the door while the train was still moving.	Der Schaffner warnte sie davor, die Tür zu öffnen, ...
Mit dieser Konstruktion werden in der indirekten Rede Aufforderungssätze wiedergegeben (vgl. § 152).	

⚠ to warn s.o. **to do** s.th. — jdn. ermahnen, etwas zu tun
to warn s.o. **not to do** s.th. — jdn. davor warnen, etwas zu tun

'I warned you not to leave the window open.'

§ 105 Der Infinitiv nach Verben, die Veranlassen oder Zulassen ausdrücken
The infinitive after verbs of causing or allowing

Das deutsche *lassen* + Infinitiv kann verschiedene Bedeutungen haben: ,etwas veranlassen' oder ,etwas zulassen'. Im Englischen werden diese Bedeutungen durch unterschiedliche Verben ausgedrückt.

Veranlassen: ***make/have*** **+ Objekt + Infinitiv ohne *to***	**Zulassen:** ***let*** **+ Objekt + Infinitiv ohne *to***
Mrs Baker **made *the boys* fasten** their seat belts before she drove off. Mrs Baker ließ die Jungen sich anschnallen, ... Speed limits are the only way to **make *people* drive** more slowly. ... das einzige Mittel, die Leute dazu zu bewegen, langsamer zu fahren. I'll **have *you* pay** for the damage you caused. Ich lasse Sie den Schaden ... bezahlen!	Sally easily gets car-sick. We'd better **let *her* sit** at the front. Wir lassen sie besser vorne sitzen. I'll collect you in Mum's car, if she **lets *me* have** it tonight. Ich hole dich in Muttis Wagen ab, wenn sie mir erlaubt, ihn heute abend zu nehmen.
Make bedeutet: ,jdn. dazu bewegen oder zwingen, etwas zu tun', ,veranlassen, daß etwas geschieht.' Statt *make* wird gelegentlich *have* verwendet. (Zu *have* + Objekt + *past participle* vgl. § 124.)	*Let* bedeutet: ,jdm. erlauben, etwas zu tun', ,zulassen, daß etwas geschieht'.

A You can't **force** ***me*** **to come** with you if I don't want to. — Du kannst mich nicht zwingen, mitzukommen, ...
John's parents **allow** ***him*** **to stay** up late every night. — ... erlauben ihm, jeden Abend lange aufzubleiben.

Anstelle von *make* kann man auch *force* verwenden, anstelle von *let* kann auch *allow* benutzt werden.
Bei diesen Verben wird der Infinitiv **mit** *to* angeschlossen.

06 Der Infinitiv nach Verben des Wahrnehmens und Beobachtens
The infinitive after verbs of perception and observation

see, hear, feel, notice, watch, observe **+ Objekt + Infinitiv ohne** ***to***

I **heard** the doorbell **ring**. It must be the Browns. — Ich habe es klingeln hören.
Did you **see** them **come** to the front door? — Hast du sie zur Haustür kommen sehen?
Mrs Jones **noticed** two boys **come** into the shop. — Mrs Jones bemerkte, daß zwei Jungen in den Laden kamen.
She **saw** them **take** a packet of sweets and **run** off. — Sie sah, wie sie eine Packung Bonbons nahmen und wegliefen.

Im Deutschen verwendet man hier entweder wie im Englischen einen Infinitiv oder einen Nebensatz mit *daß* oder *wie.* (Zum Partizip nach Verben des Wahrnehmens und Beobachtens vgl. § 123).

A A young man in jeans and a black leather jacket **was seen to enter** the building at exactly 9.45.

An die Passivformen der Verben des Wahrnehmens und Beobachtens wird der Infinitiv **mit** *to* angeschlossen.

'Could you tell me where to park the car?'

07 Der Infinitiv nach Fragewörtern
The infinitive after question words

	Fragewort + Infinitiv		
Could you tell me	**where**	**to park**	the car?
	where	I can park	the car?
	Indirekter Fragesatz		

I don't know **what to do** this afternoon. — ... what I should do this afternoon.
We had no idea **which** way **to go**. — ... which way we had to go.
They had to ask a policeman **how to get** back to the main road. — ... how they could get back ...
He wondered **whether to walk** to the village or **to go** by car. — ... whether he should walk ...

Ein Nebensatz mit Fragewort bzw. *whether* und *should, can, could, must* oder *have to* kann zu Fragewort + Infinitiv verkürzt werden. Der Infinitiv ist gebräuchlicher als der Nebensatz.
Im Deutschen ist nur ein Nebensatz möglich. Vgl.: *Ich weiß nicht, was ich heute nachmittag tun soll.*

§ 108 Der Infinitiv statt eines Relativsatzes mit modalem Hilfsverb
Infinitives instead of relative clauses with modal auxiliaries

	Infinitivkonstruktion	
He gave me a list of books	**to buy for the new school year.**	Er gab mir eine Liste von Büchern, die ich für das neue Schuljahr kaufen soll.
	which I should buy for the new school year.	
	Relativsatz	

I offered Aunt Alice some magazines **to read.** (... which she could read.)
'Frankenstein' isn't exactly the film **to watch before you go to bed.** (... which you should watch ...)
There's a special button **to press** (... which you can press) if you want the video text.

A Ireland is an ideal place **to spend a quiet holiday.** (... a place where you can spend ...)
The time **to go to the Lake District** is the spring or early summer. (... the time when you should go ...)

Infinitivkonstruktionen nach Bezeichnungen des Orts oder der Zeit wie *place, time* entsprechen Nebensätzen mit *where* oder *when* und modalem Hilfsverb.

§ 109 Der Infinitiv nach *the first, the last, the only one*
The infinitive after *the first, the last, the only one*

	Infinitivkonstruktion	
The Soviet Union was **the first nation**	**to send a man into space.**	
	that sent a man into space.	
	Relativsatz	

Der Infinitiv kann nach Zahlenangaben wie *the first, the last, the only* verwendet werden. Er entspricht dann einem Relativsatz.

Neil Armstrong was **the first (man) to set foot on the moon.**
Of all the continents, Australia was **the last to be discovered.**
Amundsen and his team weren't **the only men to reach the South Pole in 1911.**
But they were **the only ones to return.**

The first und *the last* können mit oder ohne Nomen stehen. *The only* muß dagegen mit einem Nomen oder dem Stützwort *one/ones* verbunden werden.

A In 1976, a 12-year-old boy from Kent became **the youngest person to swim the English Channel.**

Diese Infinitivkonstruktion wird auch nach Superlativen verwendet.

110 Der Infinitiv zum Ausdruck des Zwecks
The infinitive to express a purpose

	Infinitivkonstruktion
We walked right to the edge of the cliffs	**(in order) to get the best view of the coastline.**
	so that we would get the best view of the coastline.
	Adverbialer Nebensatz des Zwecks

Der Infinitiv wird hier zur Angabe des Zwecks verwendet. Zur Verstärkung kann er durch *in order* eingeleitet werden. Die Infinitivkonstruktion entspricht hier einem adverbialen Nebensatz des Zwecks (vgl. § 129.2), der meist schwerfällig wirkt.

Trick photography is often used **to create the special effects in films.**
Die Trickfotografie wird oft benutzt, um die besonderen Effekte in Filmen zu erzeugen.
This camera is designed **to be used with a telephoto lens.**
Diese Kamera ist so konstruiert, daß sie mit einem Teleobjektiv benutzt werden kann.

A The built-in flash is used ***for taking*** **photographs in poor light or indoors.**

Nach *be used* steht oft auch *for + gerund.*

Uncle George stepped back in order to get the best view.

111 Der Infinitiv als Kommentar des Sprechers
The infinitive to express a comment

To be honest, I didn't think much of the play last night.	Ehrlich gesagt, ...
To tell you the truth, I didn't enjoy it at all.	Um die Wahrheit zu sagen, ...
To put it plainly, the actors were completely hopeless.	Schlicht und einfach gesagt, ...

Diese Infinitivkonstruktionen entsprechen kommentierenden Adverbien wie *frankly, surely, certainly* usw. Sie werden wie diese meist am Satzanfang verwendet und häufig durch ein Komma vom restlichen Satz abgetrennt.

We didn't have a very good weekend in London.	
To start with, it rained all the time from the moment we arrived.	Es fing damit an, daß ...
We went the wrong way on the Underground twice at least, and I lost my London Explorer ticket.	
To cut a long story short, the whole trip was a disaster.	Kurz und gut, ...

Diese Infinitivkonstruktionen dienen zur Einleitung einer Aufzählung *(to start with, to begin with)* oder zur Zusammenfassung eines Gedankengangs *(to sum up, to cut a long story short).* Damit entsprechen sie satzverknüpfenden Adverbien wie *firstly, after all* usw. (vgl auch § 145).

A Zum Infinitiv nach Verben und verbalen Ausdrücken, die Gewißheit, Wahrscheinlichkeit, Zufälligkeit bezeichnen (*be sure, seem, happen* usw.) vgl. § 99.

Kapitel 13: Das *gerund*
The gerund

§ 112 Formen und Funktionen des *gerund* (Übersicht)
Forms and functions of the gerund

1. Formen

Das *gerund* gehört wie der Infinitiv und das Partizip zu den infiniten Verbformen (vgl. § 100 und § 121).

I really like **living** in New York.	Das *gerund* wird wie das *present participle* aus der Grundform des Verbs und der *-ing*-Endung gebildet und deshalb auch *-ing*-Form genannt.
At first, my sister and I were a little afraid of **being sent** to an American school.	Die Passivform des *gerund* wird aus *being + past participle* gebildet.

A 1 Das *gerund* hat die folgenden Perfektformen, die jedoch seltener gebraucht werden:

I think I remember **having seen** that girl at the athletics meeting last June.	Aktiv: *having + past participle*
My brother is so proud of **having been chosen** for the school football team.	Passiv: *having been + past participle*

A 2 I enjoy lying in the sun and ***not*** **doing** anything.

Zur Verneinung einer *gerund*-Konstruktion wird dieser das Wort *not* vorangestellt.

2. Funktionen im Satz

Das *gerund* ist die Form des Verbs, die dem Nomen am ähnlichsten ist. Dies zeigt sich vor allem darin, daß es nach Präpositionen stehen kann (vgl. *She is fond of* ***horses*** *– she is fond of* ***riding***).

Im Satz erscheint das *gerund*

Subjekt		
Travelling all day / Long journeys	can be very tiring.	– als Subjekt
Objekt		
I'm looking forward to	**seeing you.** / your visit.	– als Objekt
Adverbiale Bestimmung		
You can't get on the plane	**without showing your ticket.** / without a ticket.	– als adverbiale Bestimmung
Attribut		
Is there no chance	**of going to Paris again next year?** / of another trip to Paris next year?	– als Attribut zu einem Nomen

A Jenny's latest hobby *is* **rock-climbing.**
My main interest *has* always *been* **cross-country skiing.**

Das *gerund* wird auch als prädikative Ergänzung zum Subjekt (nach dem Verb *be*) verwendet.

.13 Das *gerund* mit eigenem Sinnsubjekt
The gerund with a subject of its own

Aunt Sarah doesn't like watching horror films.

Aunt Sarah doesn't like Steve watching horror films.

Aunt Sarah **doesn't like**		**watching**	horror films.	Tante Sarah sieht nicht gerne Gruselfilme an.
Aunt Sarah **doesn't like**	*Steve*	**watching**	horror films.	Tante Sarah hat es nicht gern, daß **Steve** Gruselfilme ansieht.
	Sinn-subjekt	***gerund***		

Auf Verben wie *like, hate, don't mind* kann das *gerund* direkt folgen.
Zwischen Verb und *gerund* kann aber auch ein Nomen eingeschoben werden (hier: *Steve*), das als Sinnsubjekt der *gerund*-Konstruktion betrachtet werden kann.
Im Deutschen wird eine solche Konstruktion gewöhnlich durch einen *daß*-Satz wiedergegeben.

I hope you **don't mind** { ***me* opening** the window. / ***my* opening** the window. } — Ich hoffe, es macht Ihnen nichts aus, wenn ich das Fenster öffne.

Ist das Sinnsubjekt ein Pronomen, so erscheint es häufig in der Objektform (*me, him, them* usw.), seltener als Possessivbegleiter (*my, his, their* usw.).

Next week at this time Alan will be here. **I'm** really **looking forward to *him* coming.**
... Ich freue mich wirklich darauf, daß er kommt.
Tell your friends **I've nothing against *them* talking** to you on the phone,
but **I'm tired of *them* ringing** up late at night.
..., ich habe nichts dagegen, wenn sie..., aber ich habe es satt, daß sie...

Auch nach Ausdrücken mit Präposition ist das *gerund* mit eigenem Sinnsubjekt möglich.

A Have you heard about { ***Susan* getting** a place at Oxford? / ***Susan's* getting** a place at Oxford? }

Ist das Sinnsubjekt der *gerund*-Konstruktion ein Nomen, so kann es auch als *s*-Genitiv erscheinen (seltener Gebrauch).

§ 114 Das *gerund* nach Verben ohne Präposition
The gerund after verbs without a preposition

like, enjoy, start, stop, (don't) mind, suggest* usw. + *gerund

I **like walking** in the woods in all weathers.
Everyone **enjoys sitting** by the fire when it's cold outside.

My brother lives nearer the office now, so he has **started cycling** to work.
We've **stopped playing** tennis in the evenings now. It's simply too dark.

I **don't mind looking** after Tommy if you want to go out.
Mike **suggests getting** a babysitter for Saturday evening.

Weitere Verben dieser Gruppe sind

love, prefer, hate, dislike, *can't stand* (nicht ausstehen können) — *begin, finish* — *avoid* (vermeiden) — *practise*

Nach einigen dieser Verben kann auch der Infinitiv stehen, vgl. § 115.

§ 115 *Gerund* und Infinitiv nach bestimmten Verben
Gerund and infinitive after certain verbs

***Ohne* Bedeutungsunterschied**	
It **started snowing** last night. If it **continues being** so cold, we'll be able to skate on the lake soon. I **like skiing**, but not when it's as cold as this!	It **started to rain** when we got off the bus. The weather improved steadily and temperatures **continued to rise.** We **like to have** our meals outside in hot weather.

Bei den Verben *start, begin, continue* sowie *like, love, prefer* und *hate* besteht praktisch kein Bedeutungsunterschied zwischen der *gerund*- und der Infinitivkonstruktion.
Beachte jedoch:

⚠ **Would you like to hear** my new cassette? – **I'd like to record** that song.

Nach *would/should like* und Kurzformen wie *I'd like, we'd like* ist nur der Infinitiv möglich.

A My bike **needs *cleaning* / needs *to be cleaned.*** Mein Fahrrad muß geputzt werden.

Nach *need* hat die Aktivform des *gerund* passivische Bedeutung. Statt dessen kann auch die Passivform des Infinitivs benutzt werden.

***Mit* Bedeutungsunterschied**	
***stop + gerund:* Bezug auf bisherige Handlung**	***stop* + Infinitiv: Bezug auf neue, andere Handlung**
Please **stop talking** about food all the time – you know how hungry I am!	This Chinese restaurant looks good. Let's **stop to look** at the menu for a moment. (= Let's stop walking in order to look ...)
Das *gerund* nennt die Handlung, die abgebrochen wird.	Der Infinitiv drückt die Absicht aus, etwas anderes zu tun.

***remember, forget, regret* + *gerund*: Bezug auf Vergangenes**	***remember, forget, regret* + Infinitiv: Bezug auf Kommendes**
Surely you've got Kevin's address! I **remember writing** it down for you only a few days ago. John was only three when we left Glasgow. He has completely **forgotten living** there. Fiona now **regrets taking** that flat in Wimbledon. She was so keen on it at first.	Please **remember to post** that letter when you go out this afternoon. We mustn't **forget to inform** the Post Office when we move house. (umziehen) We **regret to tell** you that all our rooms are already booked for the whole of July and August.
Das *gerund* steht für etwas, das schon geschehen ist.	Der Infinitiv steht für etwas, das erst noch getan werden muß.

A 1 I **mean to find out** whether Jane Brown still lives in Birmingham. — Ich beabsichtige herauszufinden, ob ...
That **means looking** through all the Browns in the telephone book! — Das bedeutet (hat zur Folge), daß ich alle Browns im Telefonbuch durchgehen muß.

Mean + Infinitiv hat eine andere Bedeutung als *mean* + *gerund*.

A 2 The little girl **tried to open** the door, but she couldn't quite reach the handle. — Das kleine Mädchen versuchte, die Tür zu öffnen, ...
I can't open this parcel, the string's been tied too tightly. – Why don't you **try cutting** it with a pair of scissors? — ... – Warum versuchst du es nicht mit einer Schere? (Warum versuchst du nicht, das Paket zu öffnen, indem du die Schnur mit einer Schere durchschneidest?)

Der Infinitiv nach *try* bezeichnet ein **Ziel,** das erreicht werden soll.
Das *gerund* nach *try* bezeichnet eine **Methode,** mit der ein Ziel vielleicht erreicht werden kann.

Not many succeed in reaching the top.

16 Das *gerund* nach Verb + Präposition
The gerund after verb + preposition

succeed in, dream of, look forward to* usw. + *gerund

Lots of people go into show business, but not many **succeed in reaching** the top.	..., aber es gelingt nicht vielen, an die Spitze zu kommen.
Have you ever **thought of going** to drama school?	Hast du je daran gedacht, zur Schauspielschule zu gehen?
I've always **dreamed of playing** in a rock group.	Ich habe immer davon geträumt, ... zu spielen.
The Dubliners are giving a concert here next month. We're all **looking forward to going.**	... Wir freuen uns alle darauf, hinzugehen.

Weitere Verben mit Präposition + *gerund*:

complain about	sich über etwas beschweren	*insist on*	auf etwas bestehen
worry about	sich wegen etwas Sorgen machen	*rely on*	sich auf etwas verlassen
talk of/about	von etwas reden		

⚠ He was **looking forward to** { his holiday. / **going** on holiday.

Beachte, daß das *to* in *look forward to* eine Präposition und nicht Teil des Infinitivs ist.
Deshalb muß das *gerund* bzw. ein Nomen folgen.

He's fond of reading detective stories.

§ 117 Das *gerund* nach Adjektiv + Präposition
The gerund after adjective + preposition

be fond of, be no good at, be interested in* usw. + *gerund

I'm fond of reading detective stories,	Ich lese gern Kriminalgeschichten,
but **I'm no good at guessing** 'who did it'!	aber ich kann nicht gut raten, wer der Täter war.
Are you **interested in looking** around that second-hand bookshop with me?	Hast du Interesse daran, dich mit mir in dieser Antiquariatsbuchhandlung umzuschauen?

Diese Verbindungen aus *be* + Adjektiv entsprechen oft englischen oder deutschen Verben (vgl. *be fond of s.th. = like s.th., be interested in s.th. = sich für etwas interessieren*).
Wir nennen sie deshalb ‚verbale Ausdrücke' (vgl. § 99).

Weitere verbale Ausdrücke mit Präposition + *gerund*:

be proud of	stolz auf etwas sein	*be keen on*	auf etwas aus sein, etwas gern tun
be ashamed of	sich für etwas schämen	*be good/bad at*	etwas gut/schlecht können
be afraid of	Angst vor etwas haben	*be famous for*	bekannt/berühmt für etwas sein
be tired of	einer Sache müde/überdrüssig sein	*be crazy about*	verrückt nach etwas sein

A My parents **are used to hearing** our music. — Meine Eltern sind es gewohnt, unsere Musik zu hören.
My parents **used to listen** to pop music when they were young. — Meine Eltern hörten sich immer Popmusik an, ...

Bei *be used to* (es gewohnt sein) ist *to* eine Präposition (wie bei *look forward to*, vgl. § 116). Es folgt das *gerund*.
Bei *used to* (pflegte, tat etwas früher) ist *to* dagegen ein Teil des Infinitivs (vgl. § 92).

§ 118 Das *gerund* nach Nomen + Präposition
The gerund after noun + preposition

(be in) danger of, (have) difficulty in, (the) idea of* usw. + *gerund

We**'re in danger of running** out of petrol.	Wir laufen Gefahr, daß uns das Benzin ausgeht.
We **had difficulty in getting** spare parts for the car when it broke down in Spain.	Wir hatten Schwierigkeiten, Ersatzteile für den Wagen zu bekommen, ...
The **idea of driving** all the way down to Greece in that old van is quite absurd.	Die Idee, in diesem alten Lieferwagen bis ganz nach Griechenland hinunterzufahren, ...

Weitere Nomen dieser Gruppe sind: *(a) chance of, (an) opportunity of, (a) way of, (the) possibility of.*

A When Columbus discovered America, he was really looking for a new **way of reaching / to reach** India.
After he had returned to Spain, he soon had another **chance of exploring / to explore** the new continent.

Nach *chance, way, opportunity* ist auch der Infinitiv mit *to* möglich.

119 Präposition + *gerund* als adverbiale Bestimmung
Preposition + gerund as an adverbial phrase

Das *gerund* nach *on, for, in spite of*

Präposition + *gerund*: Nebensatz:	***On arriving* at his hotel,** As soon as he arrived at his hotel,	} Mr O'Leary sent a telegram to his wife.
	Sobald er in seinem Hotel ankam,	...
Präposition + *gerund*: Nebensatz:	***In spite of setting* off early,** Although we set off early,	} we missed the ferry we had booked.
	Obwohl wir früh losfuhren,	verpaßten wir die Fähre ...

The taxi driver expected a good tip { ***for managing* to get us to the airport in time.** / because he had managed to get us ... — Präposition + *gerund* / Nebensatz

Der Taxifahrer erwartete ein anständiges Trinkgeld dafür, daß / weil er es geschafft hatte, ...

Solche *gerund*-Konstruktionen entsprechen Nebensätzen.

A Make sure you've filled in the form correctly **before sending** it off.
Vergewissere dich, daß du das Formular richtig ausgefüllt hast, bevor du es abschickst.
After looking at all the brochures, we finally decided to book a week in Vienna.
Nachdem wir alle Broschüren angeschaut hatten, ...

Konstruktionen aus *before/after* + *ing*-Form entsprechen ebenfalls adverbialen Nebensätzen. Sie lassen sich als Präposition + *gerund* oder als Konjunktion + *present participle* auffassen (vgl. § 126.2).

Das *gerund* nach *instead of, by, without, apart from, as well as*

Peter has decided to look for a job **instead of staying** on at school.	... anstatt auf der Schule zu bleiben.
He earned some money last summer **by working** for the Post Office.	..., indem er bei der Post arbeitete.
She made a bad impression at the interview. She just came in **without knocking.**	... Sie kam einfach herein, ohne anzuklopfen.
Apart from being a qualified nurse, Caroline is also an experienced cook.	Abgesehen davon, daß sie eine ausgebildete Krankenschwester ist, ...
She works part time **as well as doing** all the housework.	... Sie arbeitet halbtags und macht noch zusätzlich die ganze Hausarbeit.

Zu *gerund*-Konstruktionen mit *instead of, by, without* und *apart from* gibt es im Englischen keine entsprechenden Nebensätze. Im Deutschen entsprechen ihnen Infinitivkonstruktionen, Nebensätze oder Hauptsätze.

'How about going by taxi?'

§ 120 Das *gerund* nach Ausdrücken wie *it's no use, there is no, what about*

The gerund after expressions like *it's no use, there is no, what about*

It's no use ringing the bell – they're obviously out.	Es hat keinen Zweck zu klingeln ...
It's no good calling for Dad – he's gone to the office.	Es nützt nichts, nach Papa zu rufen ...
There's no knowing what may happen if you leave that dog alone in the house.	Man kann nie wissen, was passiert, ...
What about/How about inviting the Watsons to supper tomorrow?	Wie wär's, wenn wir Watsons morgen zum Abendessen einladen würden?
It's worth going down to Carter's for the vegetables – they're quite a bit cheaper there.	Es lohnt sich, zu Carter zu gehen, um Gemüse zu kaufen ...

⚠ **It's no use *complaining*** about the price of food. ***Aber:*** **It's not very useful *to write*** a shopping list and then leave it at home.

It's no good *asking* for strawberries in January. ***Aber:*** **It's not good *to keep*** food in the fridge too long – it may go bad.

Beachte, daß auf *it is* + Adjektiv meistens der Infinitiv folgt (vgl. § 102).
Das *gerund* steht nur nach einigen wenigen Redewendungen mit *it is.*

Kapitel 14: Das Partizip
Participles

21 Formen und Funktionen des Partizips (Übersicht)
Forms and functions of participles

1. Formen

Das Partizip gehört wie der Infinitiv und das *gerund* zu den infiniten Verbformen, weil es keine Angaben zur grammatischen Person und Zahl enthält (vgl. § 100 und § 112). Man unterscheidet:

We watched the workmen **pulling** down the house.
I talked to one of the men **working** on the building-site.

We watched the house **being pulled** down.

Having shown us his plans, the architect then told us about prices.
The old town hall is now a very attractive building, **having been** completely **modernized.**

I noticed some young trees **planted** at the side of the road.

The village church, **built** in Norman times, is famous for its beautiful windows.

1. Das *present participle*
   Es wird aus der Grundform des Verbs und der Endung *-ing* gebildet und wird deshalb auch *-ing*-Form genannt. (Zur Schreibung vgl. § 57.)

   Weitere Formen des *present participle* sind:
   – die einfache Passivform
     (*being + past participle*)
   – die Perfektform
     Aktiv (*having + past participle*)

     Passiv (*having been + past participle*)

2. Das *past participle*
   Die regelmäßigen Formen werden aus der Grundform des Verbs und der Endung *-ed* gebildet. (Zu Schreibung und Aussprache vgl. § 58 und § 60)
   Zu den unregelmäßigen Formen vgl. Anhang 1.

2. Funktionen im Satz

	Attribut		Verbergänzung
The captain of the	**damaged** **sinking** old	ship remained	**unmoved.** **standing on deck.** silent.

adverbiale Bestimmung

When leaving the harbour, When we left the harbour,	we saw the Isle of Wight against the sunrise.
When informed of the emergency, When they were informed ...,	the passengers rushed to the lifeboats.

Das *present participle* und das *past participle* vertreten häufig ein Adjektiv – als Attribut zu einem Nomen oder als Ergänzung zu bestimmten Verben.

Außerdem werden die beiden Partizipien als adverbiale Bestimmungen (hier der Zeit) verwendet und entsprechen dann Nebensätzen.

Wie die Beispiele zeigen, hat das *present participle* aktivische, das *past participle* passivische Bedeutung.

We stood watching the sunset ...

§ 122 Das Partizip nach Verben der Ruhe, des Kommens oder Gehens

Participles after verbs describing a position or movement

Verben wie *sit, stand, lie, remain, come, go* + *present participle*

He never goes out. He just **sits watching** TV. Er **sitzt** nur da **und sieht** fern.
They **stood waiting** outside the cinema for twenty minutes. Sie **standen ... und warteten.**
We can't **stay talking** here all day. Wir können nicht den ganzen Tag hier**bleiben und reden**.
They **remained sitting** at the table long after the meal was over. Sie **blieben ... sitzen ...**
When I was at the bus stop yesterday, a small boy **came running** up to me. ..., **kam** ein kleiner Junge auf mich zu**gelaufen**.

Diese Konstruktion beschreibt zwei gleichzeitig ablaufende Handlungen. Im Deutschen drückt man dies meist durch zwei Verben aus, die durch das Wort *und* miteinander verbunden sind.

Bei bestimmten Verben wird das *present participle* im Deutschen auch durch einen Infinitiv oder ein Partizip Perfekt wiedergegeben.

Verben wie *remain, lie* + *past participle*

The drinks were popular, but most of the food **remained untouched**. ... **blieb unberührt**.
It was unusually cold. Even the beach **lay covered** in snow. ... **lag** schnee**bedeckt** da.

Das *past participle* beschreibt hier das Ergebnis einer vorangehenden Handlung. Auch im Deutschen verwendet man meist ein Partizip Perfekt.

§ 123 Das Partizip nach Verben des Wahrnehmens und Beobachtens

Participles after verbs of perception and observation

see, hear, feel, notice, find, watch, observe* + Objekt + *present participle

Some of the neighbours **watched** us **moving** in.
Einige Nachbarn schauten zu, wie wir einzogen.
I **heard** Susan **talking** on the telephone.
Ich hörte Susan telefonieren.
I **didn't see** her **leaving** the house.
Ich sah nicht, wie sie das Haus verließ.

Dieser Konstruktion entspricht im Deutschen ein Infinitiv oder ein Nebensatz mit *wie*.

Some of the neighbours watched us moving in.

A Mr Macdonald **was** last **seen leaving** the Black Lion at 9.45 last night.

Auch die Passivformen von *see, hear, watch, find* können mit dieser Konstruktion verbunden werden.

Gegenüberstellung: Partizip und Infinitiv nach Verben des Wahrnehmens und Beobachtens	
***Present participle*:** **Wahrnehmung des Ablaufs**	**Infinitiv:** **Wahrnehmung des ganzen Geschehens**
Do you **hear** those people **speaking** German? I think they must be Austrians. We **noticed** Mr Smith **planting** a new hedge when we went past.	I **heard** the doorbell **ring** once, but when I looked, there was nobody there. We **saw** the man **open** the car door, **put** in the box and **drive** off.
Das *present participle* drückt aus, daß ein Geschehen gerade abläuft (oder ablief). Es wird vor allem dann gewählt, wenn nur ein Teil dieses Geschehens wahrgenommen wird. Das *present participle* entspricht hier dem Gebrauch der *progressive form* im einfachen Satz. (Vgl.: Mr Smith **was planting** a new hedge when we went past.)	Der Infinitiv drückt aus, daß ein Geschehen von Anfang bis Ende wahrgenommen wurde. Dies ist häufig der Fall, wenn ein Geschehen von kurzer Dauer oder eine Folge von Handlungen beschrieben wird. Der Infinitiv entspricht hier dem Gebrauch der *simple form* im einfachen Satz. (Vgl.: The man **opened** the car door, **put** in the box and **drove** off.) Zum Infinitiv vgl. auch § 106.

24 Das Partizip nach *have* und *get* in der Bedeutung ‚veranlassen'
Participles after *have* and *get* meaning 'to cause'

have/get* + Objekt + *past participle	
We always **have** the car **washed**. We never have time to do it ourselves.	Wir **lassen** den Wagen immer **waschen.**
Your jacket looks good. – Yes, I **had** it **cleaned** last week.	..., ich **habe** sie ... **reinigen lassen.**
My watch doesn't work properly any more. – Well, why don't you **get** it **repaired**?	... – Warum **läßt** du sie nicht **reparieren**?
Have wird in dieser Konstruktion auf allen Stilebenen verwendet, *get* nur in der Umgangssprache.	

⚠

		Objekt		
She usually	**has**	her hair	**cut**	at the hairdresser's.

Sie **läßt** sich die Haare gewöhnlich beim Friseur **schneiden**.

		Objekt	
She	**has cut**	her hair	herself this time.

Sie **hat** sich diesmal die Haare selbst **geschnitten**.

Die Konstruktion *have* + Objekt + *past participle* darf nicht mit Zeitformen wie dem *present perfect* verwechselt werden. Beachte die unterschiedliche Stellung des Objekts.

Gegenüberstellung: Infinite Konstruktionen nach Verben des Veranlassens und Zulassens		
My grandparents **have** their grass **cut** by a gardener. The garage door looks shabby. We must **get** it **repainted.**	Dad always **makes** me **mow** the lawn. He hates doing it himself. Yesterday he even **had** me **cut** the hedge.	Please **let** me **plant** the apple tree. I'm sure I can do it on my own. Uncle Fred never **lets** the children **climb** the trees in his garden. He thinks it's too dangerous.
Veranlassen, daß etwas getan wird: *have* / *get* } + Objekt + *past participle*	**Veranlassen**, daß jemand etwas tut: *make* / *have* } + Objekt + Infinitiv ohne *to* (vgl. § 105)	**Zulassen**, daß jemand etwas tut: *let* + Objekt + Infinitiv ohne *to* (vgl. § 105)

A I **left** Susan at the coach station. — Ich verließ Susan am Busbahnhof.
Don't **leave** the camera in the car. — Laß den Fotoapparat nicht im Auto liegen.
Who's **left** the window open? — Wer hat das Fenster offengelassen?

In den Bedeutungen ,verlassen', ,zurücklassen', ,an einem bestimmten Ort lassen', ,in einem bestimmten Zustand lassen' wird das Verb *leave* verwendet.

§ 125 Das Partizip statt eines Relativsatzes
Participles instead of relative clauses

	Partizipialkonstruktion/ Relativsatz				
The black girl			***waiting***	**at the bus stop**	is one of my sister's friends.
	who	***is***	***waiting***	**at the bus stop**	
Many of the people			***living***	**in this area**	are Asians.
	who		***live***	**in this area**	
Most of the things			***sold***	**in this shop**	come from India.
	which	***are***	***sold***	**in this shop**	
	↑ **Subjekt des Relativsatzes**				

Diese Partizipialkonstruktionen entsprechen Relativsätzen, in denen das Relativpronomen Subjekt ist. Dabei tritt das *present participle* für aktive Verbformen ein, das *past participle* für passive Verbformen.

A Do you know those people **sitting outside the clubhouse**? — (... who **are sitting** outside the clubhouse?)
This must be the short cut **leading to the golf course.** — (... which **leads** to the golf course.)

Die Konstruktion mit dem *present participle* wird vor allem dann verwendet, wenn das Verb im Relativsatz in der *progressive form* erscheinen würde, außerdem bei einigen Verben, die nur in der *simple form* gebraucht werden, z.B. bei *belong to, lead (somewhere)* und *consist of.*

26 Partizipialkonstruktionen als adverbiale Bestimmungen
Participle constructions as adverbials

1. Partizipialkonstruktionen ohne Konjunktionen

Partizipialkonstruktionen und vergleichbare Nebensätze

present participle Nebensatz	**Looking down from the plane,** When we looked down from the plane, Als wir ... herunterschauten, ...	we saw the lights of the city below.
present participle (verneint) Nebensatz	**Not knowing much about the climate in Australia,** As they didn't know much about ..., Da sie nicht viel ... wußten, ...	the visitors were surprised by the very hot weather.
present participle (Perfektform) Nebensatz	**Having travelled so far the first week,** As they had travelled so far ..., Da sie ... so weit gereist waren, ...	they were glad to have a rest for a few days.
past participle Nebensatz	**Warned about the dangers of the strong sunlight,** As I had been warned about ..., Da ich ... gewarnt worden war, ...	I decided to buy a sunhat.

Diese Partizipialkonstruktionen kann man als verkürzte adverbiale Nebensätze auffassen. Konstruktionen mit dem *present participle* entsprechen Aktivsätzen, solche mit dem *past participle* entsprechen Passivsätzen.
Zur Verneinung wird einer Partizipialkonstruktion *not* (oder *never*) vorangestellt (vgl. Beispiel 2).
Wie die Beispiele zeigen, entsprechen solche Partizipialkonstruktionen meist Nebensätzen der Zeit (Beispiel 1) oder des Grundes (Beispiele 2 – 4). (Zu den Nebensätzen vgl. § 129.)

Having a warm climate and beautiful golden beaches, Australia is ideal for bathing and surfing. Most of the population live in towns and cities along the coast, so

⚠ Partizipialkonstruktionen dieser Art wirken fast immer förmlich und werden hauptsächlich in der Schriftsprache verwendet.

A The tourists followed the guide up the hill, **taking photos and admiring the view.**
Die Touristen folgten dem Reiseleiter ... Sie machten Fotos und bewunderten die Aussicht.

Die Konstruktion mit dem *present participle* kann auch die Begleitumstände einer Handlung beschreiben, besonders wenn sie nachgestellt ist. Sie wird dann im Deutschen meist durch einen eigenen Hauptsatz wiedergegeben.

2. Partizipialkonstruktionen mit Konjunktionen

***While* staying in Detroit,** I met one of my old Cambridge friends.
While I was staying in Detroit, ...

***Though* trained as a chemist,** he was now working in the auto industry.
Though he was/had been trained as a chemist, ...

His wife had prepared a very large meal, **as if expecting more than one visitor.**
..., as if she was expecting more than one visitor.

Partizipialkonstruktionen können auch, wie Nebensätze, durch Konjunktionen (z. B. *while, though, as if*) eingeleitet werden. Die Bedeutung der Partizipialkonstruktion hängt dann von der Konjunktion ab. (Zu den Konjunktionen vgl. § 129.)

§ 127 Partizipialkonstruktionen mit eigenem Sinnsubjekt
Participle constructions with subjects of their own

Absolute Partizipialkonstruktionen an Stelle von Neben- oder Hauptsätzen

		Sinnsubjekt		Subjekt	
Partizip		**The weather**	***being* foggy,**	our plane	was not able to land.
Nebensatz	As	the weather	was foggy,		
Partizip		**The runways**	***cleared* of snow,**	passengers	were at last allowed to go on board.
Nebensatz	When	the runways	had been cleared ...,		

Subjekt		Sinnsubjekt		
The stewardess	led the way to the plane,	**the tourists**	***following* with their hand luggage.**	Partizip
The stewardess	led the way to the plane.	The tourists	followed with their hand luggage.	weiterer Hauptsatz

Diese Partizipialkonstruktionen hängen nicht vom Subjekt des Hauptsatzes ab (hier: *our plane, passengers, the stewardess)*, sondern haben ein eigenes Subjekt (auch ‚Sinnsubjekt' der Partizipialkonstruktion genannt; hier: *the weather, the runways, the tourists)*.
Solche Konstruktionen nennt man auch ‚absolute Partizipialkonstruktionen'.
Sie entsprechen adverbialen Nebensätzen des Grundes oder der Zeit oder - besonders wenn sie nachgestellt sind – einem weiteren Hauptsatz.

Die *with* + *participle*-Konstruktion

It's been a very busy day, ***with* the telephone *ringing* all the time.**	Es war ein sehr arbeitsreicher Tag. Das Telefon klingelte pausenlos.
I can't work properly ***with* all that noise *going* on.**	Ich kann nicht richtig arbeiten, wenn so ein Lärm herrscht.
***With* so many people in the office *being* ill just now,** there's twice as much to do as usual.	Da so viele Leute im Büro jetzt krank sind, ...
***With* autumn *coming on* and the days *getting* shorter,** Ben has given up jogging after work.	Jetzt wo der Herbst kommt und die Tage kürzer werden, ...

⚠ Absolute Partizipialkonstruktionen werden häufig durch *with* eingeleitet.
With hat hier im Deutschen keine direkte Entsprechung. Es darf nicht durch *mit* übersetzt werden.
Im Deutschen verwendet man statt dessen – je nach Zusammenhang – einen weiteren Hauptsatz oder einen Nebensatz mit *als, während, wenn, da, wobei, indem.*
Während die Konstruktion ohne *with* förmlich wirkt, wird die Konstruktion mit *with* auch in der Umgangssprache verwendet.

Kapitel 15: Nebensätze
Subordinate clauses

128 Typen von Nebensätzen
Types of subordinate clauses

Satzgefüge *(complex sentence)*		
Adverbialer Nebensatz ***(adverbial clause)***	**Hauptsatz** ***(main clause)***	**Relativsatz** ***(relative clause)***
Before I went on holiday,	I made a list of the things	that I wanted to pack.

Nebensätze und Hauptsätze bilden zusammen ein Satzgefüge.
Nebensätze werden meist mit Konjunktionen (*before, because* usw.), Relativpronomen (*who, which, that* usw.) oder Fragewörtern (*why, what* usw.) an den übergeordneten Hauptsatz angegliedert.

The film **(that/which) I saw with Peter last week** was fantastic.
I didn't realize **(that) you had seen it before.**

I wonder **where Dad put the Radio Times.**
I'll switch off **as soon as the programme is over.**

Es lassen sich folgende Arten von Nebensätzen unterscheiden:
- Relativsätze (vgl. §§ 130 – 137)
- *that*-Sätze (indirekte Aussagesätze; vgl. § 150)
- indirekte Fragesätze (vgl. § 152)
- adverbiale Nebensätze (vgl. § 129)

129 Adverbiale Nebensätze
Adverbial clauses

1. Funktion und Stellung

adverbialer Nebensatz ▶ **When we had had lunch,**
adverbiale Bestimmung ▶ *After our meal*
} we sat in the garden for an hour.

I'll ring you up { **before I leave.** ◀ adverbialer Nebensatz
{ *tomorrow morning.* ◀ adverbiale Bestimmung

Adverbiale Nebensätze haben dieselbe Funktion wie adverbiale Bestimmungen (in unseren Beispielen: Angaben der Zeit). Sie werden durch eine Konjunktion wie *when, before, because* eingeleitet.
Geht ein adverbialer Nebensatz dem Hauptsatz voran, so wird er gewöhnlich durch ein Komma abgetrennt. Folgt er dem Hauptsatz, so wird – im Gegensatz zum Deutschen – meist kein Komma gesetzt.

⚠ When I saw her, I recognized her at once.
Als ich sie sah, erkannte ich sie sofort.

Die Satzstellung ist im Englischen – anders als im Deutschen – im Nebensatz wie im Hauptsatz: Subjekt – Verb – Objekt.

'She takes her dog with her wherever she goes.'

2. Bedeutungsgruppen und Konjunktionen

Adverbiale Nebensätze werden nach ihrer Bedeutung in verschiedene Gruppen eingeteilt. Zu jeder Bedeutungsgruppe gibt es meist eine Reihe typischer Konjunktionen.

Nebensätze der Zeit *(clauses of time)*: *while* (während), *after* (nachdem), since (seit) usw.

Grandma often falls asleep ***while* she's watching TV.**	..., während ...
***After* our friends had left,** we switched on the late night news.	Nachdem ...
Have you read any books ***since* the holidays started?**	..., seit ...

Weitere häufige Konjunktionen:

as soon as	sobald	*till/until*	bis	*when*	als, wenn
before	bevor	*(not ...) until*	(erst ...), wenn	*whenever*	immer wenn, wann auch immer

Nebensätze des Orts und der Richtung *(clauses of place and direction)*:
***where* (wo, wohin), *wherever* (wo/wohin auch immer)**

Some of the scenes in 'West Country Magic' were filmed ***where* we used to live.**	... dort ..., wo ...
John takes his camera with him ***wherever* he goes.**	..., wohin er auch geht.

Nebensätze des Grundes *(clauses of reason)*: *because* (weil), *as/since* (da)

***As* we couldn't get tickets for the concert,** we decided to go to the cinema.	Da ..., ...
***Since* there's nothing good on TV tonight,** let's have a game of cards.	Da ..., ...
My parents listen to the radio a lot ***because* they're both keen on music.**	..., weil ...

Nebensätze mit *because* stehen normalerweise hinter dem Hauptsatz, während Nebensätze mit *as* und *since* meist vorangestellt werden.

Nebensätze der Einräumung und des Gegensatzes *(clauses of concession and contrast)*:
***although/though/even though* (obwohl), *whereas* (während, wohingegen)**

***Although* my sister works at the library,** she doesn't read many books herself.	Obwohl ...
We still take two Sunday papers, ***even though* we never find time to read them properly.**	..., obwohl ...
A paper provides all the news in detail, ***whereas* TV only gives you the main points.**	..., während/wohingegen ...

Nebensätze der Bedingung *(clauses of condition):*
***if* (wenn, falls), *even if* (selbst wenn), *unless* (sofern nicht, außer wenn, es sei denn)**

You'll spoil your eyes ***if* you read in this bad light.**	..., wenn ...
I'm going to finish 'War and Peace', ***even if* it takes me ages to get through.**	..., selbst wenn ...
I'll throw this magazine away, ***unless* you want to keep it.**	..., es sei denn ...

Nebensätze mit *unless* stehen meist im *simple present* (nie im *will future!*), der zugehörige Hauptsatz meist im *will-future.*
Zum Zeitengebrauch in Bedingungssätzen mit *if* vgl. § 73.

Nebensätze des Vergleichs *(clauses of comparison): as if /as though* (als ob)

The dog sat in front of the TV screen ***as if* it was watching the programme.**	..., als ob er die Sendung anschauen würde.
I said good morning, but John went on reading the paper ***as though* he hadn't heard.**	..., als hätte er nichts gehört.

Nebensätze des Zwecks und der Folge *(clauses of purpose and result):*
***so that* (damit), *so/such ... that* (so/solch ..., daß)**

Let's leave for the show in good time ***so that* we get good seats.**	..., damit ...
I've got ***so*** many records ***that* I don't know where to put them all.**	... so viele Schallplatten, daß ...
The fans made ***such*** a noise ***that* we couldn't hear the music properly.**	... einen solchen Lärm, daß...

⚠ I haven't heard from Linda ***since* she wrote last Christmas.** ..., seit sie ...
We'll have to write them a letter, ***since* we don't know their telephone number.** ..., da wir ...

Since hat zwei Bedeutungen:
In der Bedeutung ‚seit' leitet es Nebensätze der Zeit ein.
In der Bedeutung ‚da' leitet es Nebensätze des Grundes ein.

130 Notwendige und nicht-notwendige Relativsätze
Defining and non-defining relative clauses

Notwendige Relativsätze	Nicht-notwendige Relativsätze
Captain Cook was [the man] ← [**who first explored the coasts of Australia.**]	Captain Cook, **who was born in Yorkshire,** was one of the most famous English explorers.
Many of [the animals] ← [**which live in Australia**] are unknown in other parts of the world.	The kangaroo, **which is found only in Australia,** can jump as high as ten feet in the air.
Diese Relativsätze bestimmen ihr Bezugswort (hier: *the man, the animals).* Sie legen fest, wer oder was gemeint ist. Sie sind für das Verständnis des übergeordneten Satzes **unentbehrlich.** Zwischen übergeordnetem Satz und Relativsatz steht kein Komma; beim Sprechen wird keine Pause gemacht.	Nicht-notwendige Relativsätze enthalten zusätzliche, erläuternde oder ausschmückende Informationen. Auch ohne diese Informationen wäre der übergeordnete Satz sinnvoll und verständlich. Nicht-notwendige Relativsätze werden vom übergeordneten Satz durch Kommas und – beim Sprechen – durch Pausen abgetrennt.

⚠ Umgangssprache:

My father was born in India. He's never liked the English climate.

Förmlicher Stil:

My father, who was born in India, has never liked the English climate.

Nicht-notwendige Relativsätze werden vor allem im förmlichen Stil verwendet.
In der Umgangssprache werden Hauptsätze bevorzugt.

§ 131 Die Relativpronomen *who, which* und *that* im notwendigen Relativsatz
The relative pronouns *who, which* and *that* in defining relative clauses

Für Personen: *who/that*	**Für Dinge: *which/that***
The man ***who/that* owns this restaurant** comes from Hong Kong. Do you know the girls ***who/that* have just come in?**	Is this the table ***which/that* was reserved for us?** These must be the stairs ***which/that* go down to the Saxon Bar.**

Who bezieht sich nur auf Personen, *which* bezieht sich nur auf Dinge.
That kann sich auf Personen oder Dinge beziehen.
Who, which und *that* können für Bezugswörter im Singular oder Plural verwendet werden.

***Who, which* und *that* als Subjekt und Objekt in Relativsätzen**

	Subjekt
Is that the waiter	***who/that* served us yesterday?**
Ist das der Kellner,	**der** uns gestern bediente?
	Objekt
Look, that's the boy	***who/that* we saw in the café.**
Schau mal, das ist der Junge,	**den** wir im Café gesehen haben.
	Subjekt
I don't like cheese	***which/that* tastes too strong.**
Ich mag keinen Käse,	**der** zu streng schmeckt.
	Objekt
The waitress brought me a hamburger	***which/that* I hadn't ordered.**
Die Kellnerin brachte mir einen Hamburger,	**den** ich nicht bestellt hatte.

Who, that und *which* können als Subjekt oder Objekt des Relativsatzes verwendet werden.

'That's the dog that she takes for walks.' – 'You mean: that takes ***her.'***

1 The President was a man ***whom* many will remember as a friend.**

Neben *who* kann als Objekt auch *whom* verwendet werden.
Whom wird vorwiegend in der Schriftsprache gebraucht und klingt sehr förmlich.

2 I've marked **all** the TV programmes ***that* I want to see this week.**
We don't watch **anything *that* goes on after midnight.**
'High Noon' is one of the **best** Westerns ***that* I've ever seen.**

Bei Dingen wird *that* dem Relativpronomen *which* meist vorgezogen. *That* steht vor allem nach *all, something, everything, nothing, the first, the last* und nach Superlativen.

32 Relativsätze ohne Relativpronomen
Contact clauses

	Notwendiger Relativsatz	
	Objekt	
Here's a photo of the American girl	***that/who***	**we met on the coach tour.**
	—	**we met on the coach tour.**
Is that the camera	***that/which***	**you bought in London last year?**
	—	**you bought in London last year?**

Wenn das Relativpronomen Objekt im notwendigen Relativsatz ist, wird es häufig weggelassen. (Zum Wegfall des Relativpronomens in Relativsätzen mit Präposition vgl. § 133.)
Relativsätze ohne Relativpronomen nennt man *contact clauses*, da sie direkt an das Bezugswort angehängt werden. Sie sind vor allem in der Umgangssprache üblich.

⚠

	Subjekt	
Did you notice the boy	***who***	**came in just now?**
I think that was the boy	**we**	**met at the Longs'.**

Das Relativpronomen kann nicht entfallen, wenn es Subjekt des Relativsatzes ist. Der Relativsatz muß ein eigenes Subjekt haben.

33 Präpositionen im notwendigen Relativsatz
Prepositions in defining relative clauses

This is the family	**—**	**I stayed**	***with***	**in Exeter.**	Dies ist die Familie, bei der ich in Exeter wohnte.
	that	**I stayed**	***with***	**in Exeter.**	
	who	**I stayed**	***with***	**in Exeter.**	
	with whom	**I stayed**		**in Exeter.**	
I still remember the house	**—**	**I lived**	***in***	**as a child.**	Ich erinnere mich noch an das Haus, in dem ich als Kind wohnte.
	that	**I lived**	***in***	**as a child.**	
	which	**I lived**	***in***	**as a child.**	
	in which	**I lived**		**as a child.**	

Im notwendigen Relativsatz steht die Präposition meist hinter dem Verb.
Das Relativpronomen wird dann oft weggelassen (*contact clauses* – vgl. § 132).
In *contact clauses* und in Relativsätzen mit *that* und *who* **muß** die Präposition nachgestellt werden.
Im förmlichen Stil steht sie oft vor dem Relativpronomen. Als Relativpronomen kommen in diesem Fall nur *whom* oder *which* in Frage.

A 1 The McKees? Who are they? – They're the people **we got that card *from*.**
Alison McKee and I were at school together. She was the girl **I shared a room *with*.**

Hat das Verb im notwendigen Relativsatz ein direktes Objekt, so steht die Präposition hinter diesem Objekt.

A 2 We visited the house **where** (in which) Shakespeare was born.
The guide told us a few details about the time **when** (at which) he lived.

Wenn das Bezugswort Ort oder Zeit angibt, kann der Relativsatz auch durch *where* bzw. *when* eingeleitet werden.

§ 134 Relativpronomen im nicht-notwendigen Relativsatz
Relative pronouns in non-defining relative clauses

My Uncle Edward, ***who* was a taxi driver in London,** emigrated to Australia as a young man.
He has three grown-up sons, ***whom* I have never met.**
The Huntleys, ***with whom* I stayed last summer,** have a house on the coast. Huntleys, bei denen ich letzten Sommer wohnte, haben ein Haus an der Küste.

The Opera House, ***which* is the most famous building in Sydney,** was built in the 1970s.
Mary showed us some photos of the Grand Canyon, ***which* she had visited on her tour.**
We walked up the cliff path, ***from which* there was a wonderful view of the bay.** Wir gingen den Pfad zu den Klippen hoch, von dem aus man eine wundervolle Aussicht auf die Bucht hatte.

Im nicht-notwendigen Relativsatz **muß** ein Relativpronomen stehen.
– Für Personen verwendet man als Subjekt *who*, als Objekt und nach Präpositionen *whom*.
– Für Dinge verwendet man in allen Fällen *which*.
Die Präposition steht gewöhnlich – wie im Deutschen – vor dem Relativpronomen.

⚠ *That* kann im nicht-notwendigen Relativsatz auf keinen Fall verwendet werden.

'That's the boy I told you about, you know, the one whose parents are vegetarians.'

§ 135 Relativsätze mit *whose*
Relative clauses with *whose*

I was talking to a girl ***whose uncle* lives in Darwin.**	..., dessen Onkel...
Are those the people ***whose car* broke down in the Outback?**	..., deren Wagen...
Australia, ***whose 200th 'birthday'* was celebrated in 1988,** is the only nation that is also a continent.	..., dessen 200. ‚Geburtstag' ...

Relativsätze können nicht nur durch Relativpronomen, sondern auch durch den Relativbegleiter *whose* + Nomen eingeleitet werden. *Whose* drückt Besitz oder Zugehörigkeit aus.
Whose kann sich auf Personen und Dinge beziehen. Es kann in notwendigen und nicht-notwendigen Relativsätzen verwendet werden.

A 1 The thieves stole the car from a garage, **the door of which** had been left open. ..., deren Tor ...

Im förmlichen Stil wird in Bezug auf Dinge gelegentlich ... *of which* verwendet.

A 2 Fighting broke out among the supporters, **a number of whom** were arrested. ..., von denen eine Anzahl ...
The fans started throwing bottles, **one of which** injured a player. ..., von denen eine ...

Nach Mengenangaben wie *a number, one, both, many, most* steht in Bezug auf Personen *of whom* und in Bezug auf Dinge *of which.*

136 Satzbezügliches *which*
Which referring to a whole clause

Our hotel was a long way from the centre of the town, ***which* was a disadvantage, of course.**
..., was natürlich ein Nachteil war.
We took a taxi to the airport, ***which* saved us a bit of time.**
..., was uns etwas Zeit sparte.

Das Relativpronomen *which* kann sich nicht nur auf ein einzelnes Nomen, sondern auch auf den Inhalt eines ganzen Satzes beziehen (‚satzbezügliches *which*'). Es entspricht dann dem deutschen *was.* Der Relativsatz gibt einen Kommentar zum vorangehenden Hauptsatz ab. Da es sich hier immer um nicht-notwendige Relativsätze handelt, werden sie durch ein Komma abgetrennt.

137 Relativsätze mit *whoever, whatever, whichever*
Relative clauses with *whoever, whatever, whichever*

I don't mind how many people come round on Saturday.
You can invite ***whoever* you like.** Du kannst einladen, wen (auch immer) du willst.
***Whatever* happens,** you can depend on me. Was auch passiert, ... / Egal was passiert, ...
It'll be a great match, ***whichever* team wins.** ..., ganz gleich welche Mannschaft gewinnt.

Durch den Zusatz *-ever* werden *who, what* und *which* zu verallgemeinernden Relativpronomen mit der Bedeutung ‚wer/was/welcher auch immer' oder ‚jeder der', ‚alles was'. Relativsätze mit verallgemeinernden Relativpronomen haben kein Bezugswort im übergeordneten Satz.

Kapitel 16: Aussagesätze, Verneinung, Fragesätze, Kurzsätze

Affirmative and negative statements, questions, shortened sentences

§ 138 Der Aussagesatz und seine Verneinung

Affirmative and negative statements

Die Wortstellung im Aussagesatz

	Subjekt	Verb	restlicher Satz
	My brother	speaks	five languages.
	I	have translated	that Italian letter now.

Die normale Wortstellung im Aussagesatz ist: *Subjekt – Verb – restlicher Satz.*
Dies gilt auch für zusammengesetzte Zeitformen (z. B. *have translated*).

Last autumn	we	went	to Paris for a week.
When I go to San Francisco,	I	will send	you a card of the Golden Gate Bridge.

Das Satzmuster *Subjekt – Verb – restlicher Satz* bleibt im Englischen auch dann erhalten, wenn der Satz durch eine adverbiale Bestimmung eingeleitet wird oder wenn dem Hauptsatz ein Nebensatz vorausgeht.

Vergleiche:				
	Last autumn	we	went	to Paris.
	Letzten Herbst	fuhren	wir	nach Paris.

Die Verneinung des Aussagesatzes

Subjekt	Hilfsverb + *n't*	Vollverb	restlicher Satz
I	**can't**	**understand**	this poem.
I	**haven't**	**read**	anything by Shakespeare before.
We	**don't**	**know**	the play at all.
John	**doesn't**	**like**	going to the theatre.
He	**didn't**	**come**	with us to 'Romeo and Juliet'.

Ein Aussagesatz wird gewöhnlich verneint, indem man *n't* an das Hilfsverb anhängt.
Wenn der bejahte Aussagesatz kein Hilfsverb enthält (vgl.: *We know* ..., *John likes* ... usw.), muß eine verneinte Form von *do* verwendet werden *(don't/doesn't/didn't)* (außer bei *be* als Vollverb – vgl. § 83.2).

Im förmlichen Stil wird die Langform *Hilfsverb + not* verwendet:
Prices are for bed and breakfast only. They ***do not include*** *an evening meal.*

A 1 We **don't have** eggs for breakfast every morning.

Auch *have* wird mit *do* umschrieben, wenn es als Vollverb gebraucht wird (vgl. § 84.2).

A 2 We sat down at one of the tables, but **nobody** came to serve us.
No wonder you're hungry. You had **nothing** for lunch.
We **never** watch TV while we're having a meal.
Could you go down to the shops? There's **no** milk left.

Außer durch *not* können Aussagesätze auch durch Wörter wie *nobody, nothing, never, no* usw. verneint werden.

139 Aufforderungssätze
Imperative sentences

Bejahte Aufforderungssätze
Come in. Komm (Kommt/Kommen Sie) herein! **Sit** down, please. **Have** a cup of tea. **Be** careful, you two. **Watch** out! There's a car coming. **Stop** barking, Rover. Hör auf zu bellen, Rover!

Bejahte Aufforderungssätze werden mit der Imperativform des Verbs gebildet. Diese entspricht der Infinitivform. Sie lautet im Singular und im Plural gleich.
Wie im Deutschen drückt der Imperativ eine Bitte, eine Einladung, eine Warnung oder einen Befehl aus.

⚠ Nach Aufforderungssätzen steht im Englischen normalerweise ein Punkt.
Nur bei erregten Ausrufen steht ein Ausrufezeichen (vgl. Beispiel 5: *Watch out!*).

Verneinte Aufforderungssätze
Don't be silly. **Don't forget** to post my letters. Please **do not walk** on the grass. **Never swim** in cold water after a meal.
Aufforderungsätze mit *let's*
Let's have our picnic here. Machen wir unser Picknick hier. Oh no, **let's not stop** now, **let's go** on a bit further. Nein, halten wir lieber jetzt noch nicht, fahren wir noch ein bißchen weiter.

Verneinte Aufforderungssätze werden mit *don't* (förmlich: *do not*) + Infinitiv gebildet.
Verneinte Aufforderungssätze können auch durch *never* eingeleitet werden.

Aufforderungssätze, in die sich der Sprecher selbst mit einbezieht, werden mit *let's/let's not* + Infinitiv gebildet.
Im förmlichen Stil wird auch die Vollform *let us* verwendet: *Let us pray.* (Lasset uns beten.)

140 Entscheidungsfragen
Yes/no questions

Entscheidungsfragen sind Fragesätze, die mit ja oder nein beantwortet werden können. Sie enthalten kein Fragewort.

'Can't you read?'

Das Hilfsverb in Entscheidungsfragen

Hilfsverb	Subjekt	Vollverb	restlicher Satz
Is	it	**raining?**	
Shall	we	**go**	for a walk?
Would	you	**like**	to come with me?
Do	you	**understand**	this sentence?
Does	Janet	**speak**	French?
Did	I	**pronounce**	your name wrong?

Entscheidungsfragen werden immer durch ein Hilfsverb eingeleitet.

Wenn der entsprechende Aussagesatz kein Hilfsverb enthält (vgl.: *I understand this sentence*), so muß der Fragesatz durch *do*, *does* oder *did* eingeleitet werden.

Verneinte Entscheidungsfragen			
Hilfsv. + *n't*	**Subjekt**	**Vollverb**	**restl. Satz**
Can't	you	**open**	that bottle?
Doesn't	Ben	**like**	orange juice?
Didn't	the milkman	**come**	this morning?
Does this government **not spend** enough on space projects already?			

Verneinte Entscheidungsfragen werden gebildet, indem man *n't* an das vorangestellte Hilfsverb anhängt.

Im förmlichen Stil steht die Langform *not* nach dem Subjekt.

§ 141 Fragen mit Fragewort (Fragewortfragen)
Questions with question words

Fragewortfragen werden mit einem Fragewort eingeleitet. Dieses kann allein stehen (*Who ...? Why ...?* usw.) oder mit einem Nomen oder einer *of-phrase* verbunden sein (*What countries ...? Which of them ...?* usw.)

Fragewort als Subjekt des Fragesatzes		
Fragewort	**Verb**	**restlicher Satz**
Who	**discovered**	Australia?
What countries	**belong to**	the Commonwealth?
Which of them	**will take part**	in the Commonwealth Games next year?

Fragesätze, in denen das Fragewort Subjekt oder Teil des Subjekts ist, haben dieselbe Wortstellung wie Aussagesätze (vgl. § 138). Diese Fragen werden nicht mit dem Hilfsverb *do* umschrieben.

Fragewort ist nicht Subjekt des Fragesatzes				
Fragewort	**Hilfsverb**	**Subjekt**	**Vollverb**	**restlicher Satz**
Where	**shall**	we	**go**	tonight?
When	**are**	we	**leaving**	on Saturday?
What	**have**	you	**packed**	for the weekend?
How long	**do**	you	**want**	to stay in town?
Why	**doesn't**	Dave	**post**	your letters?
Who	**did**	you	**talk to**	on the phone?

Fragesätze, in denen das Fragewort nicht Subjekt oder Teil des Subjekts ist, haben dieselbe Wortstellung wie Entscheidungsfragen (vgl. § 140).

Wenn im entsprechenden Aussagesatz kein Hilfsverb vorhanden ist, muß – wie in Entscheidungsfragen – mit dem Hilfsverb *do* umschrieben werden.

'Which of you did the cooking?'

⚠ Beachte den Gebrauch von *what, who* und *which:*

What are you going to have?
Was nimmst du?
What vegetables have you got?
Was für Gemüse haben Sie?
Who made this delicious cake?
Wer hat diesen leckeren Kuchen gebacken?

Mit *what* fragt man nach Sachen, mit *who* nach Personen aus einer **unbeschränkten** Zahl.

Which would you prefer – tea or coffee?
Was hättest du lieber – Tee oder Kaffee?
Which of these apples are best for cooking?
Welche von diesen Äpfeln eignen sich am besten zum Kochen?
Which of you broke this plate?
Wer von euch hat diesen Teller zerbrochen?

Mit *which* fragt man nach Sachen oder Personen aus einer **eingeschränkten** Zahl. Häufig steht *which* vor einer *of-phrase.* (*What* oder *who* dürfen hier nicht stehen!)

42 Bestätigungsfragen
Question tags

Wenn man Zustimmung zu einer Aussage oder eine Bestätigung erwartet, benutzt man im Deutschen Ausdrücke wie *nicht wahr?, oder?, oder nicht?*
Im Englischen hängt man ein *question tag* an den Aussagesatz an.

Bejahter Aussagesatz: verneinte Bestätigungsfrage (⊕ → ⊖)	**Verneinter Aussagesatz: bejahte Bestätigungsfrage** (⊖ → ⊕)
Dad **is** **working,** **isn't** he?	He **isn't** **using** the phone, **is** he?
Gill **will** **be** here soon, **won't** she?	You **won't** **be** late, **will** you?
You **have** **got** time now, **haven't** you?	You **haven't** **got** a key, **have** you?
The Smiths **live** here, **don't** they?	Ian **doesn't** **go** to your school, **does** he?
You **met** Sarah once, **didn't** you?	You **didn't** **meet** her sister, **did** you?

Die Bestätigungsfrage greift das Hilfsverb und das Subjekt des vorangehenden Satzes wieder auf, wobei das Subjekt als Personalpronomen erscheint.
Enthält der vorangehende Satz kein Hilfsverb, so verwendet man in der Bestätigungsfrage eine Form von *do.*
Ist der vorangehende Satz bejaht, so ist die Bestätigungsfrage verneint.
Ist der vorangehende Satz verneint, so ist die Bestätigungsfrage bejaht.

.1 **There's** a post box round the corner, **isn't there?**

Enthält der vorangehende Satz das Vorsubjekt *there* (vgl. § 146), so wird dieses in der Bestätigungsfrage wiederaufgenommen.

.2 **Let's have** a cup of tea, **shall we?**
Get the milk out of the fridge, **will you?**
Help yourself to biscuits, **won't you?**

An einen Aufforderungssatz mit *let's* kann man die Bestätigungsfrage *shall we?* anhängen.
Nach sonstigen Aufforderungssätzen wird *will you?* oder, zum Ausdruck eines höflichen Angebots, gelegentlich auch *won't you?* verwendet.

Die Satzmelodie (Intonation) in Bestätigungsfragen

Steigend ↗	Fallend ↘
Our train leaves at 9.47, **doesn't it?** – Yes, it does. We don't have to change at Bristol, **do we?** – No, I don't think so.	It's a lovely day, **isn't it?** The countryside looks beautiful at this time of year, **doesn't it?**
Bestätigungsfragen werden mit steigender Satzmelodie gesprochen, wenn der Sprecher nicht sicher ist, ob seine Aussage richtig oder falsch ist.	Bestätigungsfragen werden mit fallender Satzmelodie gesprochen, wenn der Sprecher seiner Sache ganz sicher ist und im Grunde keine Antwort erwartet.

'It's a lovely day, isn't it?'

§ 143 Kurzantworten
Short answers

Im Deutschen lautet die Antwort auf Entscheidungsfragen meist nur ‚ja' oder ‚nein'. Im Englischen wird *yes* oder *no* häufig durch einen Kurzsatz ergänzt.

Hilfsverb	Subjekt	Vollverb	restlicher Satz		Subjekt	Hilfsverb
Have	you	got	a good map of London?	– Yes,	I	**have.**
				– No,	I	**haven't.**
Can	you	remember	the name of that bookshop?	– Yes,	I	**can.**
				– No,	I	**can't.**
Will	the museum	be	open tomorrow?	– Yes,	it	**will.**
				– No,	it	**won't.**
Do	the Jacksons	live	in Wimbledon?	– Yes,	they	**do.**
				– No,	they	**don't.**
Does	Mr Jackson	work	in the City?	– Yes,	he	**does.**
				– No,	he	**doesn't.**
Did	you	miss	your train yesterday?	– Yes,	I	**did.**
				– No,	I	**didn't.**

Die Kurzantwort greift das Hilfsverb der vorangehenden Frage wieder auf. Das Subjekt erscheint in der Kurzantwort als Personalpronomen.

A **Is there** a telephone box near here? – Yes, **there is.** / No, **there isn't.**

Enthält der Fragesatz das Vorsubjekt *there* (vgl. § 146), so wird dieses in der Kurzantwort wiederaufgenommen.

144 Kurzsätze mit *so, nor, neither*
Short additions to statements with *so, nor, neither*

Kurzssätze mit *so, nor, neither* sind Kommentare zu einem vorangehenden Aussagesatz. Sie entsprechen deutschen Kurzsätzen mit *auch, auch nicht.*

***So* nach bejahten Aussagesätzen**

Subjekt	Hilfsverb	Vollverb	restlicher Satz		Hilfsverb	Subjekt	
I	**am**	**feeling**	hungry!	– So	**am**	I.	Ich auch.
I	**can**	**smell**	the eggs and bacon.	– So	**can**	I.	Ich auch.
Peter		**likes**	cornflakes for breakfast, and so		**does**	Jane.	... Jane auch.

Der Kurzsatz greift das Hilfsverb des vorangehenden Satzes wieder auf.
Enthält der Satz kein Hilfsverb, so verwendet man *do, does* oder *did.*
Das Subjekt des Kurzsatzes wird nachgestellt und erhält dadurch besonderes Gewicht.

***Neither/Nor* nach verneinten Aussagesätzen**

Subjekt	Hilfsverb (verneint)	Vollverb	restlicher Satz		Hilfsverb	Subjekt	
I	**have never**	**tried**	Mexican food before.	– Neither	**have**	I.	Ich auch nicht.
				– Nor	**have**	I.	
We	**don't**	**like**	that new pizza place in Queen Street.	– Neither	**do**	we.	Wir auch nicht.
Sue and Paul	**aren't**	**going**	to the barbecue tonight.	– Nor	**are**	Tracey and Mike.	

A Paul doesn't like curry. – **Neither do I. / I don't either.**
I'm terribly thirsty. – **So am I. / I am, too.**

Anstelle von Kurzsätzen mit *neither* oder *nor* werden in der Umgangssprache häufig Kurzsätze aus Subjekt + verneintem Hilfsverb + *either* verwendet.
Anstelle von Kurzsätzen mit *so* können auch Kurzsätze mit *too* verwendet werden.
(Zu *either* und *too* vgl. auch § 145.2.)

Kapitel 17: Vom Satz zum Text (Verknüpfung und Hervorhebung)
From sentence to text (linking and emphasis)

§ 145 Konjunktionen und Adverbien zur Verknüpfung von Sätzen und Satzteilen
Conjunctions and adverbs used to link sentences or parts of a sentence

1. Konjunktionen, Adverbien und Kombinationen

The streets in this part of York are very narrow, **and** most of the houses are very old. We can take the bus to the town centre, **or** we can walk there, of course. There's a car park near the Minster, **but** it's usually full at this time of day. In the summer months, York is full of visitors, **for** it is of great historical interest.	Ganze Sätze oder Satzteile können durch Konjunktionen miteinander verbunden werden. Solche Konjunktionen sind: *and, or, but* (aber, sondern), *for* (denn).
For centuries York was one of the most important cities in the North; **yet** it was never spoilt by industry. We've lived in the city centre for ten years now, **so** we're used to the noise of traffic. Millions of pounds have been spent on repairing the Minster; **however,** a lot of work still has to be done.	Die gleiche Aufgabe erfüllen satzverknüpfende Adverbien wie *yet* (doch, dennoch, trotzdem), *so* (deshalb, daher), *however* (jedoch).
We could **either** look round the museum, **or** we could go on one of those river trips. What bad luck! **Neither** the castle **nor** the gardens are open to the public on Sundays. The Black Lion is the best hotel here. It has **both** an outdoor **and** an indoor swimming-pool.	Außerdem gibt es die folgenden Kombinationen: *either...or* (entweder...oder), *neither...nor* (weder...noch), *both...and* (sowohl...als auch).

A Weitere satzverknüpfende Adverbien sind:

therefore	deshalb, daher	*nevertheless*	trotzdem, dennoch,
after all	schließlich, immerhin	*anyway*	jedenfalls, sowieso, trotzdem
on the one hand ...	einerseits ...	*though*	aber, doch
... on the other hand	... andererseits		

Beachte daß *though* in dieser Bedeutung nachgestellt und gewöhnlich mit Komma abgetrennt wird:
We had a lovely walk along the beach; it was too cold to go swimming, though. ..., aber es war zu kalt zum Schwimmen.

'Well, what do you think? We can either swim, or we can try the bridge.'

2. Englische Entsprechungen zum deutschen Adverb *auch*

Zur Satzverknüpfung dienen auch die Adverbien *too, as well, also, (not ...) either.*

When we were in York, we visited the Minster, of course, and we went to the Castle Museum, **too.** ...und wir gingen **auch** ... Did you go to the Railway Museum **as well?** Seid ihr **auch** ... gegangen?	In bejahten Sätzen verwendet man *too, as well, also.*
No, we didn't. And we did**n't** have time for a trip down the river **either.** ... Und wir hatten **auch keine** Zeit für ...	In verneinten Sätzen (nach *not, never* usw.) verwendet man *either.* *Too, as well* und *either* stehen am Satzende.
But we enjoyed walking through the streets, and we **also** did a bit of shopping. ... und wir haben **auch** ein bißchen eingekauft.	*Also* hat normalerweise Binnenstellung (vor dem Vollverb bzw. zwischen Hilfsverb und Vollverb).

⚠ I like eggs. – I like them, **too.** Ich esse sie **auch** gern.
We don't often have fish for lunch. – We **don't either.** Wir **auch nicht.**

Too kann nur im bejahten Satz stehen. In verneinten Sätzen verwendet man *either.*

46 Die *there*-Konstruktion
The *there*-construction

***There is/There are* + Sinnsubjekt**

Vorsubjekt	*be*	Sinnsubjekt	restlicher Satz	
There	**is**	a big new shoe shop	in the High Street.	In der Hauptstraße gibt es/ist ...
There	**were**	a lot of people	at church this morning.	Heute morgen waren viele Leute ...

Sätze mit *be* werden häufig durch ein unbetontes *there* eingeleitet. Auf dieses ‚Vorsubjekt' folgt eine Form von *be* und darauf erst das eigentliche Subjekt, das ‚Sinnsubjekt'.

Vorsubjekt	*be*	Sinnsubjekt	Partizip	restlicher Satz	
There	**are**	several taxis	**waiting**	outside the station.	Vor dem Bahnhof warten ...
There	**was**	a big American car	**parked**	in front of the house.	Gestern abend parkte ...

Die *there*-Konstruktion kann durch ein *present* oder *past participle* erweitert werden.
Solchen Sätzen entspricht im Deutschen meist ein normaler Aussagesatz.

Die *there*-Konstruktion im Text

There was an accident in the High Street on Saturday morning. A lorry braked suddenly at the traffic lights and a car ran into the back of it. Luckily nobody was injured, but the front of the car was badly damaged and the police had to be called.
There was a short report about it in the local paper on Monday. As usual, the reporter had got some of the details wrong.

Die *there*-Konstruktion wird vor allem dann verwendet, wenn man ein neues Thema einführt.
Wird dieses Thema fortgeführt, so benützt man gewöhnlich normale Aussagesätze.

§ 147 Die *it is/it was*-Konstruktion
The *it is/it was* construction

It is/It was zur Hervorhebung von Satzteilen

	Subjekt	Verb	Objekt	Adv. Bestimmung
Ausgangssatz:	Captain Cook	discovered	Hawaii	in 1779.

It was Captain Cook who discovered Hawaii (and not Columbus).
It was Hawaii that Captain Cook discovered (not Australia).
It was in 1779 that he discovered Hawaii (not in 1789).

Mit *it is/it was* kann praktisch jeder Satzteil – außer dem Verb – hervorgehoben werden.
Die verbleibenden Satzteile werden in Form eines Relativsatzes oder eines *that*-Satzes angeschlossen.

⚠ **It *was* the natives** in Hawaii that killed Captain Cook.

Die Singularform *it is/it was* wird auch dann verwendet, wenn ein Nomen im Plural folgt.

Die *it is/it was*-Konstruktion im Text

At the beginning of the 19th century, most people in Britain still lived in small villages. Many of them never left the area in which they were born. News travelled slowly from place to place, and the horse was still the fastest form of transport. **It was the development of the railways** that changed all this.

Excuse me. Is this the train to Reading? – No, it goes straight through to Paddington, sir. **It's the next one** that stops at Reading.

Die *it is/it was*-Konstruktion wird vor allem dann verwendet, wenn ein Gegensatz ausgedrückt oder ein Mißverständnis beseitigt werden soll.

*'The design's all right.
It's the price I'm not so keen on.'*

§ 148 Hervorhebung mit *do*
Emphatic use of *do*

Do, does und *did* werden nicht nur zur Bildung von Fragesätzen und verneinten Sätzen benutzt: Sie können auch verwendet werden, um bejahten Sätzen mehr Nachdruck zu verleihen.

Betonung eines Gegensatzes

We *don't* buy much food at the health food shop. But we **do** grow our own vegetables.
Wir kaufen nicht viel Lebensmittel im Bioladen. Aber unser eigenes Gemüse bauen wir an.
I **did** know they were planning a new supermarket. But I *hadn't* realized it would be built this year.
Ich wußte natürlich schon ... Aber es war mir vorher nicht klar ...

Besonders häufig werden die *do*-Formen in bejahten Sätzen verwendet, die mit verneinten Sätzen kontrastiert werden.

Verstärkung einer Aufforderung

Do sit down. Setzen Sie sich doch bitte.

Do hurry up! Beeil dich doch!

Aufforderungssätze mit *do* können je nach Zusammenhang entweder besonders höflich oder besonders ungeduldig wirken.

A 1 I **do** like this bread. Did you make it yourself? — Dieses Brot schmeckt aber gut.
I **did** enjoy the party. It was great to see you again. — Ich fand die Party wirklich toll.

Do-Formen werden auch verwendet, um eine spontane Gefühlsreaktion auszudrücken.

A 2 You **are** [ˈɑː] working hard. Aren't you ready for a break yet? — Du arbeitest aber hart.

Sätzen mit Hilfsverben kann man mehr Nachdruck verleihen, indem man das Hilfsverb betont.

49 Inversion als Stilmittel
Inversion as a stylistic device

Die übliche Wortstellung des englischen Aussagesatzes ist *Subjekt – Verb – Objekt*. Nur in wenigen Fällen kann man von dieser Wortstellung abweichen, um eine besondere stilistische Wirkung zu erzielen.

Adverbiale Bestimmung	Hilfsverb	Subjekt	Vollverb	restlicher Satz
Hardly	**had**	**he**	**parked**	the car ***when*** he saw a traffic warden coming towards him.
No sooner	**had**	**we**	**left**	the main road ***than*** we realized we had taken the wrong turning.
Never in my life	**have**	**I**	**had**	such a rough crossing.
Not only	**did**	**the passengers**	**feel**	ill, ***but*** most of the crew were seasick, too.

Tritt eine negative oder einschränkende adverbiale Bestimmung an den Satzanfang, so werden – wie im Fragesatz – Subjekt und Hilfsverb umgestellt (Inversion).
Ist kein Hifsverb vorhanden, so wird eine Form von *do* verwendet (vgl. den letzten Beispielsatz).

Solche negativen und einschränkenden adverbialen Bestimmungen sind:

hardly (... when ...) *scarcely (... when ...)* *no sooner (... than ...)*	kaum (... als ...)	*never*	noch nie, niemals
		seldom/rarely	selten, kaum
		neither ... nor ...	weder ... noch ...
not only (... but ...)	nicht nur (... sondern ...)	(vgl. auch § 144)	

⚠ Diese Wortstellung wird vorwiegend im förmlichen Stil verwendet. In der Umgangssprache wird die normale Wortstellung bevorzugt, wobei die Adverbien in Binnenstellung stehen (vgl. § 50):
***He had hardly parked** the car when he saw the traffic warden coming towards him.*

A ***Not until she got out of the car* did she see** how much damage had been done. — Erst als sie ausstieg, sah sie ...

Auch nach adverbialen Nebensätzen mit *not until* tritt die Inversion von Hilfsverb und Subjekt ein.

Kapitel 18: Die indirekte Rede
Reported speech (Indirect speech)

§ 150 Die wichtigsten Merkmale der indirekten Rede
The main characteristics of reported speech

Wenn man berichten will, was jemand sagt oder gesagt hat, so benützt man gewöhnlich die indirekte Rede. Dabei verwendet man meist einen Einleitungssatz mit *say, tell* usw. und einen *that*-Satz. (Zur Wiedergabe von Frage- und Aufforderungssätzen vgl. § 152.)

Beachte:
- Vor dem *that*-Satz steht kein Komma.
- Das *that* wird oft weggelassen: *He says (that) he's broken his leg.*
- Personalpronomen, Possessivbegleiter usw. werden dem Standpunkt des Berichterstatters angepaßt (*I* → *he/she, my* → *his/her* usw.). (Zur Anpassung der Zeit- und Ortsangaben vgl. § 153.)

Wenn man sofort weitergibt, was jemand sagt (z. B. am Telefon), so benützt man für die indirekte Rede einen Einleitungssatz im *present tense* (z. B. *he says*). Die Zeitformen der direkten Rede werden dann in der indirekten Rede beibehalten. Im Deutschen steht der Konjunktiv: *Er sagt, er* ***könne*** *nicht ... kommen. Er sagt, er* ***habe*** *sich das Bein gebrochen.*

Wenn man etwas erst später berichtet, so benutzt man einen Einleitungssatz im *past tense* (z.B. *he said*). In diesem Fall werden die Zeitformen in der indirekten Rede zurückverschoben (*can't come* → *couldn't come* usw.; vgl. § 151).

⚠ She **said (to me)** that she would be back late. Sie **sagte (zu mir)** ...
She **told me** that she would be back late. Sie **sagte (zu) mir** ...

Auf *say* **kann** ein indirektes Objekt (Personenobjekt) folgen. Es muß dann **mit** *to* angeschlossen werden. Auf *tell* **muß** ein indirektes Objekt (Personenobjekt) folgen. Es wird **ohne** *to* angeschlossen.

A Brian *has told* me that he **can't come** to the party. He **has broken** his leg.

Steht der Einleitungssatz der indirekten Rede im *present perfect,* so werden Zeitformen der direkten Rede wie bei einem Einleitungssatz im *present tense* beibehalten.

Everybody missed Brian. A few hours before the party he *had told* Sue that he **couldn't come** because he **had broken** his leg.

Steht der Einleitungssatz im *past perfect,* so tritt wie bei einem Einleitungssatz im *past tense* eine Rückverschiebung der Zeitformen ein.

151 Die Rückverschiebung der Zeitformen in der indirekten Rede
The backshift of tenses in reported speech

Steht der Einleitungssatz der indirekten Rede im *past tense* (z. B. *he said, she told me* usw.), so werden die Zeitformen in der indirekten Rede gegenüber der direkten Rede wie folgt verschoben:

Direkte Rede	**Indirekte Rede (Einleitungssatz im *past tense*)**
(From an interview with Debra Adams, a Newcastle schoolgirl.) 'I'**m** in the school tennis team. I **love** sports! But **I'm working** for exams at the moment, so I **don't have** much time for tennis.'	Debra said that she **was** in the school tennis team. She said she **loved** sports. But she told me that she **was working** for exams at the moment. She said she **didn't have** much time for tennis.
present tense →	***past tense***
'I'**ve been** at Burnside School for five years. My boyfriend **has** already **left** school.'	She said she **had been** at Burnside School for five years. She told me that her boyfriend **had** already **left** school.
present perfect →	***past perfect***
'He **started** work as soon as he **left.** He **didn't** even **have** a summer holiday!'	She went on to say that he **had started** work as soon as he **had left.** She said he **hadn't** even **had** a summer holiday.
past tense →	***past perfect***
'I'**ll** probably **leave** school at the end of the year. But I **won't give** up tennis!'	She told me that she **would** probably **leave** school at the end of the year. But she said she **wouldn't give** up tennis.
will-future →	***conditional***
'I hope I **can** get a job at a bank, or at the post office. But finding work **may** be a bit of a problem.'	She said she hoped she **could** get a job at a bank or at the post office. But she thought that finding work **might** be a bit of a problem.
can → ***may*** →	***could*** ***might***

A 1 'I **hadn't expected** to get such a good seat.' — He said he **hadn't expected** to get such a good seat.
'I **would like** to be a film star – but there's not much chance of that!' — She said she **would like** to be a film star ...

Past perfect und *conditional* können nicht zurückverschoben werden und werden daher in der indirekten Rede beibehalten. Auch *could* und *might* können nicht zurückverschoben werden.

A 2 'School in Germany **starts** at 8 o'clock or earlier.' — Reinhard told me that school in Germany **starts** at ...
'Where I **come** from, the sun **doesn't set** in the summer at all.' — Brit told us that where she **comes** from, the sun **doesn't set** in the summer at all.

Das *simple present* wird in der indirekten Rede beibehalten, wenn betont werden soll, daß etwas immer gilt, z.B. eine Gewohnheit, eine Eigenschaft oder ein Naturgesetz.

§ 152 Frage- und Aufforderungsssätze in der indirekten Rede

Questions and commands in reported speech

1. Indirekte Fragesätze

Direkte Rede	Indirekte Rede
'Do you **speak** Spanish?' **'Did** you **learn** it at school?' **'Can** you **translate** the instructions for me?'	→ Carol asked me ***if/whether*** I **spoke** Spanish. → Then she asked me ***if*** I **had learned** it at school. → I asked my French teacher ***whether*** he **could translate** the instructions for me.

Steht in der direkten Rede kein Fragewort (‚Entscheidungsfrage' oder *yes/no-question*), so wird der Nebensatz der indirekten Rede durch *if* oder *whether* eingeleitet. (Zu Entscheidungsfragen vgl. § 140.)

Direkte Rede	Indirekte Rede
'What **do** you **think** of my new CD player?' ***'When*** **did** you **buy** it?' ***'Where*** **have** you **put** your old record player?'	→ Chris asked us ***what*** we **thought** of his new CD player. → I asked him ***when*** he **had bought** it. → Sam asked him ***where*** he **had put** his old record player.

Enthält der Fragesatz der direkten Rede ein Fragewort (*what, where, why, when, how* usw.), so wird dieses in der indirekten Rede beibehalten. (Zu Fragen mit Fragewörtern vgl. § 141.)

⚠

Direkte Rede:	**'Can** you **swim?'**	'Where **do** you **live?'**
Indirekte Rede:	He asked me if I **could swim.**	He asked me where I **lived.**

In direkten Fragesätzen ist die Wortstellung *Hilfsverb – Subjekt – Vollverb* (vgl. §§ 140 – 141). In indirekten Fragesätzen ist die Wortstellung dagegen wie im Aussagesatz *Subjekt – (Hilfsverb –) Vollverb.*

A ***'Where*** **shall** I **sign** my name?'
→ I had to ask ***where*** **to sign** my name.
(... ***where*** I **should sign** my name.)

Ein indirekter Fragesatz mit modalem Hilfsverb wird oft zu Fragewort + Infinitiv verkürzt (vgl. § 107).

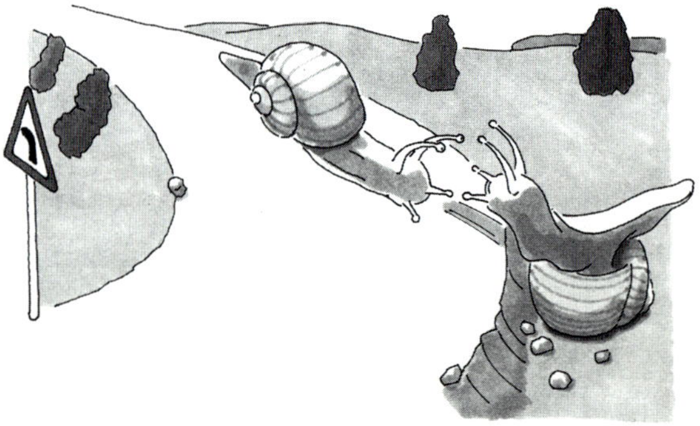

'I told you not to go so fast round the corners.'

2. Indirekte Aufforderungssätze

Direkte Rede	Indirekte Rede
'Look in the mirror before giving a signal.' **'Don't brake** too suddenly.' **'Drive** extra carefully near schools and playgrounds.'	→ My driving instructor told me **to look** in the mirror before giving a signal. → He told me **not to brake** too suddenly. → He also advised me **to drive** extra carefully near schools and playgrounds.

Aufforderungssätze werden in der indirekten Rede meist durch einen Infinitiv mit *to* wiedergegeben (vgl. § 104). Bei verneinten Aufforderungssätzen wird *not* + Infinitiv benutzt.
(Zu bejahten und verneinten Aufforderungssätzen vgl. § 139.)
Seltener werden Aufforderungssätze durch einen *that*-Satz mit *should* wiedergegeben:
*He said that I **should drive** extra carefully near schools and playgrounds.*

A 'Hello, Mark. What about a game of tennis?'
'Oh, no. Later, perhaps.'
'O.K. It's a bit too hot at the moment, isn't it?'

I said hello to Mark and suggested a game of tennis.
Mark didn't want to play, but said he might do so later.
So I agreed and said it was a bit too hot at the moment.

Grußformeln, Ausrufe und ähnliche unvollständige Sätze werden in der indirekten Rede umschrieben oder zu ganzen Sätzen ergänzt. *Question tags* werden weggelassen.

53 Die Verschiebung von Zeit- und Ortsangaben in der indirekten Rede
The shift of expressions of time and place in reported speech

Zeitangaben wie *today, yesterday, this week* und Ortsangaben wie *here, there, in this country* beziehen sich auf den Standpunkt des Sprechers (z.B. *today* = der Tag, an dem der Sprecher etwas sagt; *here* = der Ort, an dem der Sprecher etwas sagt).
In der indirekten Rede werden solche Zeit- und Ortsangaben dem Standpunkt des Berichterstatters angepaßt und daher oft verändert. (Vgl. die Anpassung der Personalpronomen, § 150.)

1. Zeitangaben

Direkte Rede	**Indirekte Rede**	
	Zeitraum dauert noch an	**Zeitraum ist vorüber**
Friday 13th	**Friday 13th**	**A few days later**

Weatherman on TV: 'The rain will stop **tomorrow.**'	Mr Brown to Mrs Brown: 'The weatherman said the rain would stop **tomorrow.**'	Mrs Brown to Mr Brown: 'Don't you remember, dear? On Friday the weatherman said the rain would stop **the next day / on Saturday.**'

Zeitangaben wie *yesterday, today, this month, next year* usw. werden in der indirekten Rede beibehalten, wenn man noch innerhalb desselben Tages, Monats, Jahres usw. berichtet, was jemand gesagt hat.
Wenn der betreffende Zeitraum jedoch für den Berichterstatter schon vorüber ist, so werden solche Zeitangaben wie folgt verschoben:

today → **that** day	yesterday → **the** day **before**	tomorrow → **the next** day/ **the following** day
tonight → **that** night	**last** Friday → **the** Friday **before**	
this week → **that** week	**last** month → **the** month **before**	**next** year → **the next** year/ **the following** year
this year → **that** year	two days **ago** → two days **before**	

Statt die Zeitangaben zu verschieben, kann man auch den Tag, den Monat, das Jahr usw. nennen (z. B. *on Saturday*).

2. Ortsangaben

Direkte Rede	Indirekte Rede	
	Bericht vom selben Ort aus	**Bericht von einem anderen Ort aus**
Prime Minister (in Britain):	**Newsreader on British TV:**	**Newsreader on American TV:**
'More will have to be done **in this country** to protect the environment. Industries **here** will play a leading role.'	'The Prime Minister said that more would have to be done **in this country** to protect the environment, and that industries **here** would play a leading role.'	'The British Prime Minister said that more would have to be done **in Britain** to protect the environment, and that industries **there** would play a leading role.'

Ortsangaben wie *here, in this country* usw. können in der indirekten Rede beibehalten werden, wenn der Berichterstatter sich am selben Ort befindet wie der Sprecher, dessen Äußerung er wiedergibt. Andernfalls werden sie meist durch den Namen oder eine genauere Bezeichnung des Ortes ersetzt. Wenn aus dem Zusammenhang hervorgeht, welcher Ort gemeint ist, können auch *there, in that country* usw. verwendet werden.

Anhang

1 Unregelmäßige Verben
Irregular verbs

Infinitiv	***past tense***	***past participle***	
be [iː]	was/were	been [iː]	*sein*
bear [eə]	bore [ɔː]	born(e) [ɔː]	*(er)tragen, gebären*
beat [iː]	beat [iː]	beaten [iː]	*schlagen*
become [ʌ]	became [eɪ]	become [ʌ]	*werden*
begin [ɪ]	began [æ]	begun [ʌ]	*anfangen*
bet [e]	bet [e]*	bet [e]*	*wetten*
bind [aɪ]	bound [aʊ]	bound [aʊ]	*binden*
bite [aɪ]	bit [ɪ]	bit(ten) [ɪ]	*beißen*
bleed [iː]	bled [e]	bled [e]	*bluten*
blow [əʊ]	blew [uː]	blown [əʊ]	*blasen*
break [eɪ]	broke [əʊ]	broken [əʊ]	*(zer)brechen*
bring [ɪ]	brought [ɔː]	brought [ɔː]	*(her)bringen*
build [ɪ]	built [ɪ]	built [ɪ]	*bauen*
burn [ɜː]	burnt [ɜː]*	burnt [ɜː]*	*(ver)brennen*
burst [ɜː]	burst [ɜː]	burst [ɜː]	*platzen*
buy [aɪ]	bought [ɔː]	bought [ɔː]	*kaufen*
catch [æ]	caught [ɔː]	caught [ɔː]	*fangen*
choose [uː]	chose [əʊ]	chosen [əʊ]	*(aus)wählen*
come [ʌ]	came [eɪ]	come [ʌ]	*kommen*
cost [ɒ]	cost [ɒ]	cost [ɒ]	*kosten*
cut [ʌ]	cut [ʌ]	cut [ʌ]	*schneiden*
deal [iː]	dealt [e]	dealt [e]	*handeln (von)*
dig [ɪ]	dug [ʌ]	dug [ʌ]	*graben*
do [uː]	did [ɪ]	done [ʌ]	*tun*
draw [ɔː]	drew [uː]	drawn [ɔː]	*zeichnen, ziehen*
dream [iː]	dreamt [e]*	dreamt [e]*	*träumen*
drink [ɪ]	drank [æ]	drunk [ʌ]	*trinken*
drive [aɪ]	drove [əʊ]	driven [ɪ]	*fahren*
eat [iː]	ate [e]/[eɪ]	eaten [iː]	*essen*
fall [ɔː]	fell [e]	fallen [ɔː]	*fallen*
feed [iː]	fed [e]	fed [e]	*füttern*
feel [iː]	felt [e]	felt [e]	*(sich) fühlen*
fight [aɪ]	fought [ɔː]	fought [ɔː]	*(be)kämpfen*
find [aɪ]	found [aʊ]	found [aʊ]	*finden*
flee [iː]	fled [e]	fled [e]	*fliehen*
fly [aɪ]	flew [uː]	flown [əʊ]	*fliegen*
forbid [ɪ]	forbade [æ]	forbidden [ɪ]	*verbieten*
forget [e]	forgot [ɒ]	forgotten [ɒ]	*vergessen*
forgive [ɪ]	forgave [eɪ]	forgiven [ɪ]	*verzeihen, vergeben*
freeze [iː]	froze [əʊ]	frozen [əʊ]	*(er)frieren*
get [e]	got [ɒ]	got [ɒ]	*bekommen, werden*
give [ɪ]	gave [eɪ]	given [ɪ]	*geben*
go [əʊ]	went [e]	gone [ɒ]	*gehen, fahren*
grow [əʊ]	grew [uː]	grown [əʊ]	*wachsen, anbauen*
hang [æ]	hung [ʌ]	hung [ʌ]	*(auf)hängen*
have [æ]	had [æ]	had [æ]	*haben*
hear [ɪə]	heard [ɜː]	heard [ɜː]	*hören*
hide [aɪ]	hid [ɪ]	hidden [ɪ]	*(sich) verstecken*

* auch die regelmäßige Form auf *-ed* kommt vor

Infinitiv	*past tense*	*past participle*	
hit [ɪ]	hit [ɪ]	hit [ɪ]	*schlagen, treffen*
hold [əʊ]	held [e]	held [e]	*halten*
hurt [ɜ:]	hurt [ɜ:]	hurt [ɜ:]	*verletzen, wehtun*
keep [i:]	kept [e]	kept [e]	*(be)halten*
know [nəʊ]	knew [nju:]	known [nəʊn]	*wissen, kennen*
lay [eɪ]	laid [eɪ]	laid [eɪ]	*legen*
lead [i:]	led [e]	led [e]	*führen, leiten*
lean [i:]	leant [e]*	leant [e]*	*lehnen*
learn [ɜ:]	learnt [ɜ:]*	learnt [ɜ:]*	*lernen*
leave [i:]	left [e]	left [e]	*(zurück-/ver-)lassen*
lend [e]	lent [e]	lent [e]	*leihen*
let [e]	let [e]	let [e]	*lassen*
lie [aɪ]	lay [eɪ]	lain [eɪ]	*liegen*
light [aɪ]	lit [ɪ]*	lit [ɪ]*	*beleuchten, anzünden*
lose [u:]	lost [ɒ]	lost [ɒ]	*verlieren*
make [eɪ]	made [eɪ]	made [eɪ]	*machen*
mean [i:]	meant [e]	meant [e]	*meinen, bedeuten*
meet [i:]	met [e]	met [e]	*(sich) treffen*
pay [eɪ]	paid [eɪ]	paid [eɪ]	*bezahlen*
put [ʊ]	put [ʊ]	put [ʊ]	*legen, setzen, stellen*
read [i:]	read [e]	read [e]	*lesen*
ride [aɪ]	rode [əʊ]	ridden [ɪ]	*reiten, fahren*
ring [ɪ]	rang [æ]	rung [ʌ]	*läuten*
rise [aɪ]	rose [əʊ]	risen [ɪ]	*aufstehen, aufgehen*
run [ʌ]	ran [æ]	run [ʌ]	*laufen, rennen*
say [eɪ]	said [e]	said [e]	*sagen*
see [i:]	saw [ɔ:]	seen [i:]	*sehen*
seek [i:]	sought [ɔ:]	sought [ɔ:]	*suchen*
sell [e]	sold [əʊ]	sold [əʊ]	*verkaufen*
send [e]	sent [e]	sent [e]	*senden, schicken*
set [e]	set [e]	set [e]	*setzen, stellen*
sew [əʊ]	sewed [əʊ]	sewn [əʊ]*	*nähen*
shake [ei]	shook [ʊ]	shaken [eɪ]	*schütteln*
shine [aɪ]	shone [ɒ]	shone [ɒ]	*scheinen*
shoot [u:]	shot [ɒ]	shot [ɒ]	*schießen*
show [əʊ]	showed [əʊ]	shown [əʊ]	*zeigen*
shrink [ɪ]	shrank [æ]	shrunk [ʌ]	*schrumpfen, einlaufen*
shut [ʌ]	shut [ʌ]	shut [ʌ]	*schließen, zumachen*
sing [ɪ]	sang [æ]	sung [ʌ]	*singen*
sink [ɪ]	sank [æ]	sunk [ʌ]	*sinken, versenken*
sit [ɪ]	sat [æ]	sat [æ]	*sitzen, sich setzen*
sleep [i:]	slept [e]	slept [e]	*schlafen*
smell [e]	smelt [e]	smelt [e]	*riechen*
sow [əʊ]	sowed [əʊ]	sown [əʊ]	*säen*
speak [i:]	spoke [əʊ]	spoken [əʊ]	*sprechen*
spell [e]	spelt [e]*	spelt [e]*	*buchstabieren*
spend [e]	spent [e]	spent [e]	*verbringen, ausgeben*
spill [ɪ]	spilt [ɪ]*	spilt [ɪ]*	*vergießen, verschütten*
split [ɪ]	split [ɪ]	split [ɪ]	*(zer)teilen, spalten*
spoil [ɔɪ]	spoilt [ɔɪ]*	spoilt [ɔɪ]*	*verderben*
spread [e]	spread [e]	spread [e]	*(sich) ausbreiten*
spring [ɪ]	sprang [æ]	sprung [ʌ]	*springen*
stand [æ]	stood [ʊ]	stood [ʊ]	*stehen*
steal [i:]	stole [əʊ]	stolen [əʊ]	*stehlen*
stick [ɪ]	stuck [ʌ]	stuck [ʌ]	*kleben*

* auch die regelmäßige Form auf *-ed* kommt vor

Infinitiv	***past tense***	***past participle***	
strike [aɪ]	struck [ʌ]	struck [ʌ]	*stoßen, schlagen*
swear [eə]	swore [ɔ:]	sworn [ɔ:]	*schwören, fluchen*
sweep [i:]	swept [e]	swept [e]	*fegen*
swim [ɪ]	swam [æ]	swum [ʌ]	*schwimmen*
swing [ɪ]	swung [ʌ]	swung [ʌ]	*schwingen, schaukeln*
take [eɪ]	took [ʊ]	taken [eɪ]	*nehmen, (hin)bringen*
teach [i:]	taught [ɔ:]	taught [ɔ:]	*lehren, unterrichten*
tear [eə]	tore [ɔ:]	torn [ɔ:]	*reißen*
tell [e]	told [əʊ]	told [əʊ]	*erzählen, sagen*
think [ɪ]	thought [ɔ:]	thought [ɔ:]	*denken, glauben*
throw [əʊ]	threw [u:]	thrown [əʊ]	*werfen*
understand [æ]	understood [ʊ]	understood [ʊ]	*verstehen*
wake [eɪ]	woke [əʊ]*	woken [əʊ]*	*wecken, aufwachen*
wear [eə]	wore [ɔ:]	worn [ɔ:]	*tragen (Kleidung)*
win [ɪ]	won [ʌ]	won [ʌ]	*gewinnen*
write [aɪ]	wrote [əʊ]	written [ɪ]	*schreiben*

* auch die regelmäßige Form auf *-ed* kommt vor

2 Übersicht über die Zeitformen des Aktivs und Passivs
Table of the tenses of the active and passive voice

		Aktiv	**Passiv**
present tense	*simple*	Judy **takes** Sammy for a walk every afternoon.	The dog **is taken** for walks regularly.
	progressive	Judy **is taking** Sammy for a walk.	Sammy **is being taken** to the vet's now.
past tense	*simple*	Last summer Mark **took** lots of photos.	This photo **was taken** two years ago.
	progressive	Someone walked in front of the camera while Mark **was taking** a photo.	Unfortunately the light got in while the film **was being taken** out of the camera.
present perfect	*simple*	Dad **has taken** the boys to school in the car.	Judy **has been taken** to hospital. She is seriously ill.
	progressive	Paul **has been taking** driving lessons for nearly three months now.	–
past perfect	*simple*	Dad went to the office after he **had taken** the boys to school.	Mark didn't eat much for a day or two after his tooth **had been taken** out.
	progressive	Paul was afraid of failing his driving test, although he **had been taking** lessons for months.	–
will-future	*simple*	Sarah's training as a vet **will take** six years.	A photograph of the school-leavers **will be taken** outside the school hall next Monday.
	progressive	Next year at this time Judy **will be taking** her A-levels.	–
future perfect	*simple*	Tomorrow at this time our plane **will have taken** off.	Our luggage **will have been taken** on board long before the flight is called.
	progressive	John is learning to fly. By the end of this year he **will have been taking** lessons for six months.	–
conditional	*simple*	If Mark had a dog, he **would take** it out regularly.	If Judy was seriously ill, she **would be taken** to hospital at once.
	progressive	If the weather wasn't so terrible, Judy **would be taking** Sammy for a walk now.	–
conditional perfect	*simple*	If Mum had known that Judy felt ill, she **would have taken** her to the doctor's.	If Judy had been seriously ill, she **would have been taken** to hospital at once.
	progressive	If Mark hadn't been ill all winter, he **would have been taking** his exams in June.	–

3 Wortbildung
Word formation

Unter Wortbildung versteht man die Bildung neuer Wörter aus schon vorhandenen, z.B. mit Hilfe von Vor- oder Nachsilben. Durch die Kenntnis der Wortbildungsregeln lassen sich die Bedeutungen vieler unbekannter Wörter erschließen.

1. Wortbildung durch Vorsilben

	Bedeutungen	Nomen	Verb	Adjektiv	
re-	‚nochmals', ‚zurück'		to **re**write		neu schreiben
		repayment	to **re**pay	**re**payable	Rückzahlung, zurückzahlen, rückzahlbar
in- (*im-* vor *b, p, m,* *il-* vor *l,* *ir-* vor *r)*	‚nicht' ‚Gegenteil von'	**in**action		**in**active	Untätigkeit, untätig
		independence		**in**dependent	Unabhängigkeit, unabhängig
		impossibility		**im**possible	Unmöglichkeit, unmöglich
		illogicality		**il**logical	Unlogik, unlogisch
		irregularity		**ir**regular	Unregelmäßigkeit, unregelmäßig
un-	‚nicht' ‚Gegenteil von' ‚rückgängig machen'	**un**happiness		**un**happy	Traurigkeit, unglücklich
		uncertainty		**un**certain	Ungewißheit, ungewiß
			to **un**lock	**un**locked	aufschließen, unverschlossen
dis-		**dis**honesty		**dis**honest	Unehrlichkeit, unehrlich
		disappearance	to **dis**appear		das Verschwinden, verschwinden
		disqualification	to **dis**qualify		Disqualifizierung, disqualifizieren
			to **dis**connect	**dis**connected	unterbrechen, unzusammenhängend
de-	‚rückgängig machen'	**de**forestation	to **de**forest		Abholzung, abholzen
mis-	‚falsch'	**mis**understanding	to **mis**understand		Mißverständnis, mißverstehen
			to **mis**lead	**mis**leading	irreführen, irreführend
mal-	‚schlecht'	**mal**treatment	to **mal**treat	**mal**treated	Mißhandlung, mißhandeln, mißhandelt
over-	‚über', ‚zu viel'	**over**crowding	to **over**crowd	**over**crowded	Überfüllung, überfüllen, überfüllt
under-	‚unter', ‚zu wenig'	**under**payment	to **under**pay	**under**paid	Unterbezahlung, unterbezahlen, unterbezahlt
super-	‚über', ‚mehr als'			**super**human	übermenschlich
sub-	‚unter', ‚weniger als'	**sub**way			Unterführung (BE), U-Bahn (AE)
				subnormal	minderbegabt
inter-	‚zwischen' ‚gegenseitig'	**inter**action	to **inter**act		Wechselwirkung, aufeinander wirken
				international	international
co-	‚zusammen', ‚miteinander'	**co**-operation	to **co**-operate	**co**-operative	Zusammenarbeit, zusammenarbeiten, hilfsbereit

Vorsilbe	Bedeutung	Nomen	Verb	Adjektiv	Deutsch
pre-	‚vor'	**pre**history		**pre**historic	Vorgeschichte, vorgeschichtlich
			to **pre**heat		vorheizen
post-	‚nach'			**post**war	Nachkriegs-
trans-	‚jenseits', ‚hinüber'			**trans**atlantic	transatlantisch
		transplant(ation)	to **trans**plant		Verpflanzung, verpflanzen
pro-	‚für' (Einstellung)			**pro-**American	proamerikanisch
anti-	‚gegen' (Wirkung oder Einstellung)	**anti**freeze			Frostschutz
				anti-American	antiamerikanisch
counter	‚gegen' (Maßnahme)	**counter**-attack	to **counter**-attack		Gegenangriff, einen Gegenangriff starten

2. Wortbildung durch Nachsilben

Wortbildung	Nomen	Verb	Adjektiv	Deutsch
Adjektiv + *-ness, -(i)ty, -ence, -th* → **Nomen** (Eigenschaft)	dark**ness**	←	dark	Dunkelheit
	activ**ity**		active	Aktivität
	certain**ty**		certain	Gewißheit
	differ**ence**		different	Unterschied
	tru**th**		true	Wahrheit
	leng**th**		long	Länge
Verb + *-ment, -ion, -ation, -ision* → **Nomen** (Vorgang, Tätigkeit)	move**ment**	← to move		Bewegung
	act**ion**	to act		Handlung
	examin**ation**	to examine		Prüfung
	dec**ision**	to decide		Entscheidung
Verb + *-er, -or* → **Nomen** (Person, die etwas tut, Gerät)	writ**er**	← to write		Schriftsteller(in)
	act**or**	to act		Schauspieler
	mix**er**	to mix		Mixer, Rührgerät
Verb + *-ing* → **Nomen** (Vorgang, Ergebnis)	begin**ning**	← to begin		Anfang
	build**ing**	to build		Gebäude
Verb + *-ing, -ed, -ive, -able, -ible* → **Adjektiv**		to surprise →	surpris**ing**	überraschend
		to surprise	surpris**ed**	überrascht
		to create	creat**ive**	schöpferisch
		to understand	understand**able**	verständlich
		to divide	divis**ible**	teilbar
Nomen + *-ous, -al, -ic, -ical, -y, -ful, -less* → **Adjektiv**	danger	→	danger**ous**	gefährlich
	tradition		tradition**al**	traditionell
	artist		artist**ic**	künstlerisch
	type		typ**ical**	typisch
	dirt		dirt**y**	schmutzig
	beauty		beauti**ful**	schön
	power		power**less**	machtlos
Adjektiv + *-en, -ize, -ify* → **Verb**		to short**en**	← short	kürzen
		to modern**ize**	modern	modernisieren
		to simpl**ify**	simple	vereinfachen

3. Konversion

Von Konversion spricht man, wenn ein Wort in eine andere Wortart übertritt, ohne die Form zu verändern. Das gleiche Wort kann dann z. B. als Nomen und als Verb gebraucht werden.

Nomen	Verb	Adjektiv	
the rain	to rain		Regen, regnen
an answer	to answer		Antwort, antworten
a surprise	to surprise		Überraschung, überraschen
	to dry	dry	trocknen, trocken
	to empty	empty	leeren, leer
an equal	to equal	equal	Gleichgestellte(r), gleichen, gleich
a giant		giant	Riese, riesig
a secret		secret	Geheimnis, geheim
a sweet		sweet	Bonbon, süß

4. Wortzusammensetzungen

Neue Wörter können auch durch Zusammensetzung von bestehenden Wörtern gebildet werden. Die Zusammensetzungen werden oft mit Bindestrich oder als ein Wort geschrieben.

dishwasher	Spülmaschine	freeway	Autobahn (AE)
postman	Postbote	redwood	(Baumart)
boyfriend	Freund	wildlife	Tierwelt
earthquake	Erdbeben	Outback	(australisches Hinterland)
washing-machine	Waschmaschine		
dining-room	Eßzimmer	underground	U-Bahn (BE)

Bei den meisten Zusammensetzungen handelt es sich um Nomen.

bitter-sweet	bittersüß	good-looking	gutaussehend
dark blue	dunkelblau	everlasting	immerwährend
second-best	zweitbeste(r/s)	heartbreaking	herzzerbrechend
duty-free	zollfrei	man-made	künstlich (hergestellt)
seasick	seekrank		
waterproof	wasserdicht	empty-handed	mit leeren Händen
fair-haired	blond	narrow-minded	engstirnig

Außerdem gibt es auch zusammengesetzte Adjektive, darunter viele Verbindungen mit dem *present* oder *past participle (good-looking, man-made)* und mit Nomen + Nachsilbe *-ed (empty-handed).*

A Neue Wörter entstehen auch durch

– Wortkürzung:
- advertisement → advert, ad; [əd'vɜ:tɪsmənt] ['ædvɜ:t], [æd]
- laboratory → lab; [lə'bɒrətrɪ] [læb]
- examination → exam
- mathematics → maths

– Wortmischung:
- smoke + fog → smog
- breakfast + lunch → brunch

– Zusammensetzung von Anfangsbuchstaben:
- very important person → VIP [ˌvi:aɪ'pi:]
- Member of Parliament → MP [ˌem'pi:]
- United Nations International Children's Emergency Fund → UNICEF ['ju:nɪsef]

4 Lautzeichen
Phonetic symbols

Kurze Vokale *(short vowels)*	**Lange Vokale** *(long vowels)*	**Diphthonge** *(diphthongs)*	**Stimmlose Konsonanten** *(voiceless consonants)*	**Stimmhafte Konsonanten** *(voiced consonants)*	
[ɪ] sit	[i:] see	[eɪ] name	[s] sun	[z] easy	[l] land
[ʌ] cut	[ɑ:] ask	[aɪ] time	[ʃ] ship	[ʒ] vision	[m] man
[ɒ] box	[ɔ:] broad	[ɔɪ] boy	[tʃ] chin	[dʒ] Jim	[n] neck
[ʊ] put	[u:] moon	[əʊ] cold	[θ] thin	[ð] then	[ŋ] long
[e] let	[ɜ:] bird	[aʊ] house	[f] fan	[v] van	[r] red
[æ] hat		[ɪə] here	[p] pig	[b] big	[h] hand
[ə] another		[eə] chair	[t] town	[d] down	[j] yes
		[ʊə] sure	[k] car	[g] gas	[w] water

Betonungszeichen		
kangaroo [ˌkæŋgəˈru:]	ˈ = Hauptbetonung	ˌ = Nebenbetonung
copilot [ˈ–ˌ– –]	– steht für eine Silbe, wenn nur die Betonung angegeben wird	

5 Das englische Alphabet
The English alphabet

a	b	c	d	e	f	g	h	i	j	k	l	m	n
[eɪ]	[bi:]	[si:]	[di:]	[i:]	[ef]	[dʒi:]	[eɪtʃ]	[aɪ]	[dʒeɪ]	[keɪ]	[el]	[em]	[en]
o	p	q	r	s	t	u	v	w	x	y	z		
[əʊ]	[pi:]	[kju:]	[ɑ:]	[es]	[ti:]	[ju:]	[vi:]	[ˈdʌblju:]	[eks]	[waɪ]	BE [zed], AE [zi:]		

6 Englische Ausdrücke für Satzzeichen
English terms for punctuation marks

.	BE: full stop, AE: period [ˈpɪərɪəd]	-	hyphen [ˈhaɪfən] *(Bindestrich)*
,	comma	“ ” ‘	inverted commas, (double/single) quotation marks
;	semi-colon [ˌsemɪˈkəʊlən]	’	apostrophe [əˈpɒstrəfɪ]
:	colon	( )	(round) brackets
?	question mark	[ ]	square brackets
!	exclamation mark [ˌekskləˈmeɪʃn]	/	stroke
–	dash *(Gedankenstrich)*		

7 Englisch-deutsches Verzeichnis grammatischer Ausdrücke
English-German list of grammatical terms

active voice [ˈæktɪv ˈvɔɪs]	Aktiv	*The police arrested the thief.* (cf. passive voice)*
adjective [ˈædʒɪktɪv]	Adjektiv	*good, bad, terrible,* etc.
adverb [ˈædvɜːb]	Adverb	*well, badly, terribly, often, never,* etc.
adverb of comment [ˈkɒment]	kommentierendes Adverb	*luckily, unfortunately, obviously,* etc.
adverb of definite time [ˈdefɪnɪt]	Adverb der bestimmten Zeit	*today, yesterday,* etc.
adverb of degree [dɪˈgriː]	Gradadverb	*very, quite, rather,* etc.
adverb of indefinite frequency [ɪnˈdefɪnɪt ˈfriːkwensɪ]	Adverb der unbestimmten Häufigkeit	*always, often, sometimes,* etc.
adverb of indefinite time	Adverb der unbestimmten Zeit	*soon, already,* etc.
adverb of manner [ˈmænə]	Adverb der Art und Weise	*carefully, slowly, loudly,* etc.
adverb of place	Ortsadverb	*here, there, upstairs, somewhere,* etc.
adverbial (phrase) [ədˈvɜːbjəl ˈfreɪz]	adverbiale Bestimmung	*in the garden, two days ago, every day,* etc.
adverbial clause [klɔːz]	adverbialer Nebensatz	I can't go out *because it's raining.*
affirmative statement [əˈfɜːmətɪv ˈsteɪtmənt]	bejahter Aussagesatz	*That is true.* (cf. negative statement)
attributive usage (of adjectives) [əˈtrɪbjʊtɪv ˈjuːzɪdʒ]	attributiver Gebrauch (von Adjektiven)	a *new* car (cf. predicative usage)
auxiliary [ɔːgˈzɪljərɪ]	Hilfsverb	*be, have, do, can, may, must,* etc.
backshift of tenses (in reported speech) [ˈbækʃɪft]	Rückverschiebung der Zeitformen (in der indirekten Rede)	'I *can't* come.' → He said he *couldn't* come.
by-agent [ˈbaɪ ˌeɪdʒnt]	–	The thief was arrested *by the police.*
cardinal numbers [ˈkɑːdɪnl]	Grundzahlen	*one, two, three,* etc.(cf. ordinal numbers)
clause [klɔːz]	Neben-/Hauptsatz	see main clause, subordinate clause
collective noun [kəˈlektɪv]	Gruppenbezeichnung	*family, team, class, crew,* etc.
command [kəˈmɑːnd]	Aufforderungssatz	see imperative sentence
comparative [kəmˈpærətɪv]	Komparativ	*better, faster, more expensive,* etc.
complement [ˈkɒmplɪmənt]	(Verb-)Ergänzung	She is *a Catholic.* He remained *silent.*
comparison [kəmˈpærɪsn]	Steigerung	good – *better* – *best;* expensive – *more expensive* – *most expensive*
compound [ˈkɒmpaʊnd]	Zusammensetzung	*school uniform, record-player, cowboy,* etc.
conditional [kənˈdɪʃənl]	–	I *would work* harder.
conditional perfect [ˈpɜːfekt]	–	I *would have worked* harder.
conditional sentence	Bedingungssatzgefüge	*If it rains, we'll stay at home.*
conjunction [kənˈdʒʌŋkʃn]	Konjunktion	*while, because, though, if,* etc.
contact clause [ˈkɒntækt ˌklɔːz]	Relativsatz ohne Relativpronomen	The book *I'm reading* is fantastic.
countable noun [ˈkaʊntəbl]	zählbares Nomen	a *book* – two books (cf. uncountable noun)
defining relative clause [dɪˈfaɪnɪŋ ˈrelətɪv ˈklɔːz]	notwendiger Relativsatz	The waitress *who served us yesterday* was very friendly. (cf. non-defining relative clause)
definite article [ˈdefɪnɪt ˈɑːtɪkl]	bestimmter Artikel	*the*
demonstrative determiner [dɪˈmɒnstrətɪv dɪˈtɜːmɪnə]	Demonstrativbegleiter	*this* book, *that* house, *these* magazines, *those* people
demonstrative pronoun [ˈprəʊnaʊn]	Demonstrativpronomen	*This* is our house. What's *that? These* are my books, and *those* are yours.

* cf. = compare

direct object ['daɪrekt 'ɒbdʒekt]	direktes Objekt	He gave me *a book.* (cf. indirect object)
direct speech ['daɪrekt 'spi:tʃ]	direkte Rede	*'I can't come,'* he said. (cf. reported speech)
dynamic verb [daɪ'næmik 'vɜ:b]	Verb, bei dem die *progressive form* möglich ist	*read, walk, eat, work, become, grow,* etc. (cf. stative verb)
emphatic use of *do* [ɪm'fætɪk 'ju:s]	Hervorhebung mit *do*	I'm not very keen on sports, but I *do* like swimming.
expression of quantity [ɪk'spreʃn əv 'kwɒntɪtɪ]	Mengenangabe	*a piece of* cake, *two pounds of* apples, *some* salt
expression of frequency ['fri:kwənsɪ]	Wiederholungszahl	*once, twice, three times,* etc.
expression of place	Ortsangabe	*in front of the house, at the table,* etc.
expression of time	Zeitangabe	*in the morning, on Friday,* etc.
future ['fju:tʃə]	–	see *will*-future
future perfect [ˌfju:tʃə 'pɜ:fekt]	–	I *will have finished* the job soon.
general personal pronoun ['dʒenrl ˌpɜ:sənl 'prəʊnaʊn]	allgemeines Personalpronomen –	*One* shouldn't change *one's* mind too often. *You* never know what may happen.
gerund ['dʒerənd]	–	I like *playing* tennis. *Dancing* is fun.
going-to-future		They *are going to move* to Exeter.
if-clause ['ɪf ˌklɔ:z]	*if*-Satz	I'll come with you *if I have time.*
imperative [ɪm'perətɪv]	Imperativ	*Come* in. *Don't wait* outside.
imperative sentence	Aufforderungssatz	*Come in. Don't wait outside.*
indefinite article [ɪn'defɪnɪt 'ɑ:tɪkl]	unbestimmter Artikel	*a, an*
indefinite determiner [dɪ'tɜ:mɪnə]	unbestimmter Begleiter	*some* butter, (not) *any* milk, (not) *many* people, etc.
indefinite pronoun ['prəʊnaʊn]	unbestimmtes Pronomen	*someone, anything, everybody, nothing,* etc.
indirect object ['ɪndaɪˌrekt 'ɒbdʒekt]	indirektes Objekt	He gave *me* a book. The teacher explained the problem *to the pupils.* (cf. direct object)
indirect question	indirekter Fragesatz	They asked me *where I lived.*
indirect speech	indirekte Rede	see reported speech
infinitive [ɪn'fɪnətɪv]	Infinitiv	*(to) be, (to) do, (to) work,* etc.
introductory verb (in reported speech) [ˌɪntrə'dʌktərɪ 'vɜ:b]	einführendes Verb (bei der indirekten Rede)	He *said* he couldn't come. She *told* me she had passed her exam.
inversion [ɪn'vɜ:ʃn]	Inversion (Umstellung von Subjekt und Hilfsverb)	Never *have I seen* such a crowd.
irregular verb [ɪ'regjʊlə]	unregelmäßiges Verb	*go – went – gone* (cf. regular verb)
main clause ['meɪn 'klɔ:z]	Hauptsatz	*We'll ring you up* as soon as we arrive.
main verb	Vollverb	*go, read, know,* etc. (cf. auxiliary verb)
modal auxiliary ['məʊdl ɔ:g'zɪljərɪ]	modales Hilfsverb	*can, may, must, shall, will,* etc.
negative statement ['negətɪv 'steɪtmənt]	verneinter Aussagesatz	*That isn't true.* (cf. affirmative statement)
non-defining relative clause ['nɒn dɪ'faɪnɪŋ 'relətɪv 'klɔ:z]	nicht-notwendiger Relativsatz	Captain Cook, *who was born in Yorkshire,* was a famous explorer. (cf. defining relative clause)
noun [naʊn]	Nomen, Substantiv	*book, water, music, people,* etc.
numbers	Zahlen	see cardinal numbers, ordinal numbers
object ['ɒbdʒekt]	Objekt	see direct object, indirect object
of-phrase ['ɒv freɪz]	–	the roof *of the house,* the end *of the road*
ordinal numbers ['ɔ:dɪnl]	Ordnungszahlen	*first, second, third,* etc.
participle ['pɑ:tɪsɪpl]	Partizip	see present participle, past participle
particle ['pɑ:tɪkl]	(Adverbial-)Partikel	take *off,* go *in,* pick *up,* etc.

passive infinitive ['pæsɪv ɪn'fɪnətɪv]	Passivform des Infinitivs	*(to) be discovered, (to) be repaired,* etc.
passive voice ['pæsɪv 'vɔɪs]	Passiv	*The thief was arrested (by the police).* (cf. active voice)
past participle ['pɑ:st 'pɑ:tɪsɪpl]	–	a *damaged* car, a play *written* by Shakespeare (cf. present participle)
past perfect ['pɑ:st 'pɜ:fekt]	–	We *had finished* our meal before he arrived.
past tense ['pɑ:st 'tens]	–	She *opened* the door and *went* out.
personal pronoun ['pɜ:sənl 'prəʊnaʊn]	Personalpronomen	*I, you, he, she,* etc.
phrasal verb ['freɪzl 'vɜ:b]	–	*take off, give up, put on,* etc.
plural ['plʊərəl]	Plural (Mehrzahl)	some *books,* two *magazines* (cf. singular)
possessive determiner [pə'zesɪv dɪ'tɜ:mɪnə]	Possessivbegleiter	*my* coat, *your* anorak, *his* scarf, etc.
possessive pronoun ['prəʊnaʊn]	Possessivpronomen	*mine, yours, his, hers,* etc.
predicative usage (of adjectives) [prɪ'dɪkətɪv 'ju:zɪdʒ]	prädikativer Gebrauch (von Adjektiven)	This car is *new.* (cf. attributive usage)
prefix ['pri:fɪks]	Vorsilbe	*un*happy, *dis*advantage, *re*open, etc.
preposition [ˌprepə'zɪʃn]	Präposition	*in* the house, *at* the table, *for* a friend
present participle ['preznt 'pɑ:tɪsɪpl]	–	a *sleeping* child, a family *living* in Dover (cf. past participle)
present perfect ['pɜ:fekt]	–	I *have finished* the job now.
present tense [tens]	–	She *works* in an office.
progressive form [prə'gresɪv 'fɔ:m]	–	He *is/was/has been/had been working,* etc. (cf. simple form)
proper noun ['prɒpə 'naʊn]	Eigenname	*Carol, Mr Brown, London, the Thames,* etc.
prop-word ['prɒp ˌwɜ:d]	Stützwort	a white shirt, a green *one* and two blue *ones*
question tag ['kwestʃn ˌtæg]	Bestätigungsfrage	It's a lovely day, *isn't it?*
question word	Fragewort	*how, why, where, when,* etc.
reciprocal pronoun [rɪ'sɪprəkl 'prəʊnaʊn]	reziprokes Pronomen	*each other, one another*
reflexive pronoun [rɪ'fleksɪv]	Reflexivpronomen (rückbezügliches Pronomen)	She introduced *herself.* We made *ourselves* some tea.
regular verb ['regjʊlə 'vɜ:b]	regelmäßiges Verb	*arrive – arrived* (cf. irregular verb)
relative clause ['relətɪv 'klɔ:z]	Relativsatz	see defining relative clause, contact clause, non-defining relative clause
relative pronoun	Relativpronomen	the man *who/that* helped me, a story *which/that* really happened
reported speech (indirect speech) [rɪ'pɔ:tɪd 'spi:tʃ]	indirekte Rede	He said *(that) he couldn't come.* (cf. direct speech)
s-genitive ['es 'dʒenɪtɪv]	*s*-Genitiv	*Bob's* bike, *my parents'* car
sentence ['sentəns]	Satz	
sentence pattern ['pætən]	Satzmuster	
short answer ['ʃɔ:t 'ɑ:nsə]	Kurzantwort	Do you like milk? – *Yes, I do./No, I don't.*
shortened sentence	Kurzsatz	I don't like fish. – *Nor do I./I do.*
simple form ['sɪmpl 'fɔ:m]	–	He *works/worked/has worked/had worked,* etc. (cf. progressive form)
singular ['sɪŋgjʊlə]	Singular (Einzahl)	a *book,* a *magazine,* etc. (cf. plural)
speech intention ['spi:tʃ ɪn'tenʃn]	Sprechabsicht	
statement ['steɪtmənt]	Aussage(satz)	see affirmative statement, negative statement
stative verb ['stætɪv 'vɜ:b]	Verb, bei dem die *progressive form* nicht möglich ist	*know, love, seem, belong,* etc. (cf. dynamic verb)
stylistic device [staɪ'lɪstɪk dɪ'vaɪs]	Stilmittel	

subject ['sʌbdʒekt]	Subjekt	*He* gave me a book. (cf. direct/indirect object)
subordinate clause [sə'bɔ:dənət 'klɔ:z]	Nebensatz	relative clause, adverbial clause, *that*-clause, indirect question
substitutes (of modal auxiliaries) ['sʌbstɪtju:ts]	Ersatzformen (von modalen Hilfsverben)	I can swim. – I will *be able to* swim. You may go. – I *was allowed to* go.
suffix ['sʌfɪks]	Nachsilbe	teach*er*, move*ment*, nervous*ness*, etc.
superlative [su:'pɜ:lətɪv]	Superlativ	*best, fastest, most expensive,* etc.
tense [tens]	Zeitform	present tense, past tense, etc.
uncountable noun [ˌʌn'kaʊntəbl 'naʊn]	nicht-zählbares Nomen	*water, coal, furniture, advice,* etc. (cf. countable noun)
verb [vɜ:b]	Verb	*be, have, work, know,* etc.
verb of perception [pə'sepʃn]	Verb der Wahrnehmung	*see, hear, feel, smell, taste, notice*
verbal expression ['vɜ:bl ɪk'spreʃn]	verbaler Ausdruck	*be fond of, be keen on, be likely to,* etc.
will-future ['wɪl ˌfju:tʃə]	–	The weather *will change* tomorrow.
word formation ['wɜ:d fɔ:'meɪʃn]	Wortbildung	(e. g. *re-* + *write* → rewrite)
word order ['wɜ:d ˌɔ:də]	Wortstellung	(e.g. subject – verb – object)
yes/no question	Entscheidungsfrage	*Do you like milk?* – Yes, I do./No, I don't.

8 Britisches und amerikanisches Englisch
British and American English

Unterschiede im Wortschatz

BE	**AE**	
lift	elevator	Aufzug
flat	apartment	Wohnung
caretaker	janitor	Hausmeister(in)
postman/ postwoman	mailman/ mailwoman	Briefträger(in)
shop	store	Geschäft
film	movie	Film
pavement	sidewalk	Bürgersteig
city centre	downtown	Stadtzentrum
underground	subway	U-Bahn
motorway	freeway	Autobahn
petrol	gas	Benzin
headmaster/ headmistress	principal	Schulleiter(in)
pupil	student	Schüler(in)
holidays	vacation	Ferien
trousers	pants	Hose
Mum	Mom	Mama
pocket money	allowance	Taschengeld
sweet	candy	Bonbon
biscuit	cookie	Keks
autumn	fall	Herbst
I suppose	I guess	ich glaube

Unterschiede in der Schreibung

BE	**AE**
col**our**, hon**our**, fav**our**	col**or**, hon**or**, fav**or**
cen**tre**, kilome**tre**	cen**ter**, kilome**ter**
travel**l**er, model**l**ing	travel**e**r, mode**l**ing
to fulfi**l**, ski**l**ful	to fulfi**ll**, ski**ll**ful
def**ence**, lic**ence**	def**ense**, lic**ense**
to anal**yse**, to paral**yse**	to anal**yze**, to paral**yze**
to practi**s**e	to practi**c**e
program**me**, che**que**, t**y**re	progra**m**, che**ck**, t**i**re
gr**e**y, Math**s**	gr**a**y, Math

Unterschiede in der Aussprache

ask, **a**nswer, c**a**n't	**BE:** [ɑ:]	**AE:** [æ:]
n**ew**, d**u**ty, n**eu**tral	**BE:** [ju:]	**AE:** [u:]
either, n**ei**ther	**BE:** [aɪ]	**AE:** [i:]
su**r**e, he**r**e, ca**r**	[r] wird im BE nur vor Vokal gesprochen, im AE immer.	
mi**ll**ion, fee**l**ing	[l] wird im AE auch zwischen Vokalen ‚dunkel' gesprochen.	
wa**t**er, be**tt**er	[t] wird im AE zwischen Vokalen ‚aufgeweicht'.	
d**o**g, J**o**hn, b**o**ss	[ɒ] wird im AE offener gesprochen als im BE.	

Register

Die Zahlen beziehen sich auf die Paragraphen. Beispiel: 83.1 A 2 = § 83, Abschnitt 1, Anmerkung 2. Fettgedruckte Zahlen bedeuten, daß das Wort oder die Struktur in diesem Paragraphen am ausführlichsten behandelt wird.

J

K

L

M

N

O